河野俊一＝著
Kono Shunichi

発達障害の「**教える難しさ**」を乗り越える

——幼児期から成人期の自立へ

日本評論社

まえがき

私は一二年前、日本評論社から『自閉症児の学ぶ力をひきだす』という本を出版しました。その中で紹介したのは、「自閉症」「広汎性発達障害」「精神発達遅滞」などと診断された三歳から小学一年生の子どもたちでした。そして彼らが、言葉の発達の遅れを改善し、物事を覚え認識する力を伸ばし、感情や行動をコントロールできるようになり、コミュニケーションの力を身につけ、小学高学年や中学生に成長した姿でした。

本の出版後、いろいろな方から感想をいただきましたが、その中に次のような意見があったことを思い出します。

「まだ小さいから、幼児や小学生だから教えられるのだ。大事なことは、その子たちが成長してどんな社会人になっているか、なんだ」

たしかに、その当時、私たちエルベテークには高校生の事例もありませんでしたので、社会人の実例を示し、その意見に応えることができませんでした。

しかし、それから一〇年以上が経ち、本に登場した子どもたち全員が社会人、大学生になっています。私たちも設立から二二年目を迎え、新しい子どもたちが育ち、指導事例も増えました。二〇一五年からはアメリカ・ロサンゼルスにも教室を開き、アメリカの子どもたちも指導するようになりました。

「細かな大事な仕事もやるようになりました」（157頁の社会人六年目のI君）
「五年間ずっと働いています。パソコンの資格をとります」（156頁の社会人五年目のH君）
「就職して四年になります。まだ一日も休んでいません」（154頁の社会人四年目のF君）
「新入社員にわかりやすく教えられる頼りになる先輩になりたいです」（153頁の社会人二年目のE君）
「福祉関係の会社に就職します。大学で学んだ知識を活かすことができればと思っています」（152頁の大学四年生のD君）
「今年はいよいよ大学四年です。就活頑張ります」（150頁の大学三年生のB君）

こんな近況報告を受けています。また、教室を卒業してから何年も経っているにもかかわらず、進学や就職の節目に親子で訪ねてきて、最近の様子や気持ちの変化などについて話してくれる卒業生もいます。

彼らの成長は確かなものです。発達上の課題をもつ大学生や社会人がよく話題になりますが、彼らは当初ハンディを抱えていたとは思えないような、手本や模範になりうる、みんなが目標にしたい望ましい成長を見せています。

そのような具体的な事例をいくつも前にする時、私たちが指導を通して得た視点の確かさが証明されているように思います。それは、「発達上の遅れを抱える子どももそうでない子どもも、身につけさせたい力は同じである。そして、その接し方・教え方、指導の仕方も原則は同じである」という視点です。

この本は、子どもたちのその後の歩みと成長を紹介したい、小学生や中学生の頃までの話で終わらせてはならない、そんな思いから生まれました。

と同時に、次のような気持ちが次第に強くなってきました。

「幼児期から小学校・中学校・高校を経て大学生や社会人の成人期まで継続して蓄積された子どもの成長に関する実例、それが世間に紹介される機会があまりに少ない。だから、親や関係者へ向けて、長期にわたる継続的で具体的な実例を通して、子育てや教育のポイントと効果的な接し方・指導法を示すことは非常に有意義なのではないか。

また、子どもの発達上の遅れや課題を改善する教育を行うには、『教える難しさ』が、私たちの前に立ち塞がっている。まずは、それを乗り越えることが先決であり、子どもに『教わる力』をつけることがすべての始まりになる。だから、『教える難しさ』を明らかにし、それを克服する方法を提示することが最も重要である。

したがって、教育をはじめとした関与が子どもの成長にどのように影響したか、それによって子どもはどのようにして課題を改善し、困難を乗り越えたか、そしてどのような性格で、どのような力をもった子ども（青年）に育っているか、そんな実例がいま強く求められているのだと思う」

そこで、『自閉症児の学ぶ力をひきだす』の続編という位置づけを超えて、子育て中の読者が参考にできる実例を数多く紹介し、そこから得られる事実を解説していく――そんな本をイメージするようになったのです。なお、本書で紹介する実例は、すべてご本人と保護者に掲載の許諾をいただいたものです（名前は仮名です）。

さて、この本の中で読者のみなさんに送りたいメッセージを一つ挙げろと言われれば、次の言葉に尽きると考えています。

「『子ども自身に力をつける』という指導方針、それがなによりも大切である」

指導の目的を見失わないために中心に据えるべき、一番大切なポイントだと言えると思います。

ところが現状は、ハンディを抱えた子どもとの付き合い方や配慮・気遣い、あるいは環境づくりに焦点が当てられ、最も大事な「本人に力をつける」という指導がおろそかになっているように思うのです。

この本では、『自閉症児の学ぶ力をひきだす』で紹介した子どもたちの成長も含めて、私が二一年間、およそ八〇〇人の発達上の遅れや課題のある子どもたちを指導し、相談を受け、アドバイスを送ってきた体験、そこから得た確かな事実と実例に基づいてお話しいたします。

そして、発達上の遅れによる言語能力などの課題や不適切な言動を少しでも改善させたい、そして周りと気持ちのいいあいさつやコミュニケーションがとれる子どもに育てたいという保護者、そして彼らを心から応援したいと願う指導者・教育者のための本をめざしています。

いま、「なんとかしなければ……」「このままでは変わらない……」という切実な思いをもち、「もっと効果のある指導法はないのか」「これ以上どうしたらいいのかわからない。だれか力を貸してほしい」と不安の中で日々努力している方々のお役に立てるよう願っています。

＊本書で紹介する事例は二〇一七年二月末時点のものです。

目次

第5章 社会人として自立した卒業生たち

第6章 まとめと提言──「いい子」に育ってほしい

第1章 「発達上の遅れと課題」にどう向き合うか

ある父親の言葉

まず初めに、「広汎性発達障害」と診断され、私たちの教室で二歳三ヵ月から学習を続けている男の子（現在、中学二年生）の父親・宮原さんの言葉を紹介します。教室の季刊誌に寄せてもらったものです。発達上の遅れ・課題（改善すべき課題）を抱える子どもへの接し方・教え方を再考する手がかりになると思うからです。

宮原さんは公立高校の英語教師です。わが子の成長と自身の体験を踏まえながら、発達上の遅れと課題に向き合う姿勢について、次のように率直に指摘しています。

「私の息子は意味のある言葉がまったく出ず、二歳直前に保健センターの健診を受けました。発達専門の医師は『保育園に預けてみてはどうでしょうか？　多くのお子さんのいる環境で言葉が出ることもあります』とおっしゃいました。しかし、言葉はまったく出てきません。

不安になり、三ヵ月後に再び健診に連れていきました。その医師から今度は週一回行われている親子参加の発達支援の集まりを紹介されました。手遊びをしたり、お遊戯をしたり……。しかし、まったく言葉が出てきません。成長を促すうえでなにかが決定的に足りない気がしました」

「知的な障害がある子どもになにをどのようにすべきか、明示してくれるところが非常に少ないのが現状です。医療は障害の診断はしてくれますが、よき成長を促す医療的アプローチはしてくれません。療育も、現状では保育園児がやっているような歌や遊びを行っているわけで、それはしないよりはいいというくらいのものです。

実は、知的障害に効果的な『医療的なアプローチ』も『療育的なアプローチ』も存在しないのです。結局は『教育』に期待するしかありません。教育は、子どもの現状を人為的な努力によって変革していく営みです。障害のあるわが子だからこそ、そういう『教育的アプローチ』がより必要だと思います。

しかし、『特別支援教育』がそういった期待に応えるものとなっているか？　そう言えないのが残念です。現状の『特別支援教育』には、障害があるからそんな努力による変革など無理だという無意識の前提があると思います」

この言葉に、発達上の遅れやそれにともなう課題・困難で悩み、不安を抱いている親ならほとんどの方が「本当にその通りだ。いまの状態をどうにかしていかねばならない、どうにかしてほしい」と思われるはずです。

「広汎性発達障害」と診断された子どもの親であり現役の教師であるからこそ、現在の特別支援教育や医療・療育の課題を見抜くとともに、発達に遅れのある子どもに対する早期からの「適切な教育」がいかに重要であるか、その必要性を切々と訴えておられます。

第1章では、宮原さん親子の実例を通して、親と教師それぞれの立場で「発達障害」にどう向き合っていけばいいのか、一緒に考えていきたいと思います。

「親としてやれることはないか」という切実な思い

宮原さんの子どもが「広汎性発達障害」と診断されたのはいまから一二年前の二歳の時です。親の言葉や仕種にまったく反応しなくなったわが子の様子に驚いて、「これはただごとではない」と心配になり、近くの保健センターに相談に行ったのが始まりです。言葉がまったく出ていないわが子を前に、診断を下した保健センターの医師から「この障害は一生続きます」とも言われました。

そして、その後の対応についての明確で具体的なアドバイスはありませんでしたが、ただ知的障害児通園施設のトレーニング教室を勧められました。専門医の勧めということもあり、効果を期待しながら通わせました。

宮原さんはわが子に発達上の遅れがあるとわかった時、「たとえハンディがあろうとも、必要なことはできるかぎり学ばせていかなければ……」という気持ちになったと言います。幼い時期は不適切な言動があっても、周りから「まだ小さいから」と言われ、寛大に受け止めてもらえるかもしれません。そうであったとしても、成長して大人になった時に、いまの不適切な言動のままでは許されず、社会生活を営むうえで大きな支障が出てくることを十分わかっていたからです。だからこそ、「学ばせていかなければ」と強く思いました。

しかし、残念ながら、体を動かしたり手遊びをしたりといった療育の接し方だけでは、言葉を話せるようになる気配がまったくありませんでした。「学ばせていかなければ」「教えてほしい」「優先することは子どもが学ぶことではないか」という親の切実な気持ちをいくら説明しても、「言葉の遅れを個性として受け入れましょう」といった、あいまいなアドバイスしか返ってきませんでした。

宮原さんはそんな状況の中、「発達上の遅れ・課題にどう対処したらいいのか」「親としてなにかやれることはないか」と模索し続けた結果、私たちの教室に出会い、その指導に期待をかけるようになったというわけです。

教育への期待と信頼

このような経緯で教室に通うようになったのですが、展望が開けたのはやはり、教育に信頼を置き、子育ての方針がぶれなかったからだと思われます。

日頃から教育の意義と効果を十分に理解している宮原さんは、わが子にとって教え学ばせる教育こそが力をつける一番の近道であると信じ、家庭でも可能なかぎり学習に取り組んできました。「結局は『教育』に期待するしかありません。知的障害のあるわが子ですから、普通の父親の何十倍も付き添っています」という言葉の通りです。

そして、私たちのアドバイスを参考に、しっかり見る・聞く姿勢づくりや簡単な言葉がけに応じて自ら行動する練習に力を入れました。そして学習を通して「しなくてはならないこと」と「してはいけないこと」といった約束事・ルールもしっかり学ばせる指導に信頼を寄せるようになりました。

「約束事は人間が社会で生きていく以上、根本的なことなのです。子ども全般に当てはまると同時に、発達に障害があるわが子にとってよりいっそう重要なことだと思いました」というのが宮原さんの感想です。

そして彼は言葉を理解し、指示に従ってあいさつや返事、文字や数の読み書きができるようになり、小学校普通学級に入学しました。

教育の成果が現れたわが子の成長を前にし、宮原さんはかつて診断直後に受けた指導と現在の指導のあり方を冷静に比較できるようになりました。だからこそ、かつての指導に関して「成長を促すうえでなにかが決定的に足りない気がしました」といった振り返りができるのだと思います。

そして、「知的な障害がある子どもになにをどのようにすべきか、明示してくれるところが非常に少ないのが現状です」という問題提起ができるのではないでしょうか。また、「医療は障害の診断はしてくれますが、よき成長を促す医療的アプローチはしてくれません。療育も、現状では保育園児がやっているような歌や遊びを行っているわけで、それはしないよりはいいというくらいのものです」という言葉が説得力をもつのではないでしょうか。

「教える難しさ」を乗り越える

では、専門家から発せられる従来のアドバイスや接し方・教え方が「成長・改善を願う親の切実な気持ち」となぜ一致しないのか、その背景に「無意識の前提」があることに宮原さんは言及しています。

発達上の遅れ・課題のある子どもは、教えても伸びないし変わらない、ストレスでしかない、学習そのものが無理だ――そんな暗黙のなにかが教育現場や医療現場に浸透しているということです。

私の経験からしても、「どのように教えていけばいいのかわからない。だから教えられない。教えるのは難しい。無理である。だから無理をせずに……」というのが現状の本音であり、前提になっていると思います。

しかし、この前提は、教えたくても教えられないという「教える難しさ」の大きな壁を乗り越え、子ども自身が力をつけ伸びるという事実を目の当たりにすることにより崩れるはずです。まず着眼すべき点は、この「教える難しさ」の克服です。

季刊誌の宮原さんの文章を読んだある父親から共感の意見をもらいました。それによると、教育という働きかけによるはっきりとしたわが子の成長を見るまでは、その父親自身にも同じ「無意識の前提」があったそうです。子どもが「広汎性発達障害」と診断され、ほぼ毎日、一般に認知行動療法と呼ばれているトレーニングを一年間続けたものの、ほとんど効果がみられず、内心もう諦めていたとのこと。

しかし、人づてに「息子の通園施設で一人だけあいさつができる子どもがいた。その子が通っているのが……」という話を聞いて、年少の二月から私たちの教室で学ぶようになり、認識が変わりました。

落ち着きがなく、じっとしていられず、おうむ返しがあり、言葉でのやりとりができなかったのですが、ずいぶん改まりました。あいさつなどの練習を通し、応じて教わるという姿勢を身につけてきたのです。そうした子どもの成長を目の前で確認することにより、またわが子だけでなく、他の子どもにも同じような効果・成果が現れていることを知るにつけ、ようやく「無意識の前提」という固定観念が崩れていったとのことです。

要するに、子どもが学べるようになり、ここまで変われるという事実に接するまでは、親であっても、動かしがたい諦めが心の中を支配していたのだと言えます。いま、その父親は「正確に言うと、そんな前提は立ててはいけないものだということがわかりました」とまで言い切っています。教わる力を身につけることにより、子どもとともに親のほうも変わったことはコメントから明白です。

またもう一人、幼児教育や保育士の養成に長年携わってこられたベテランの教育者からも同じような感想をいただきました。これまでの自身の教育を振り返り、反省とともに自分の気持ちの中にある「無意識の前提」に言及しています。孫（当時、小学五年生）の成長について述べた感想においてです。

その子は集団生活での不適切な言動が目立つようになり、幼稚園からの助言に従って療育専門の施設に通い始めました。しかし、困った言動が改まることもなく、また文字や数の理解ができない状態のまま、就学が迫ってきたため、両親も祖父母もいっそう心配が募りました。

ところが、私たちの教室で教わる姿勢が育つとともに現れためざましい成長を見るにつけ、「かつての自分の子育ての経験をひっくり返されるような気持ちに襲われました」「私自身の親・教育者としての先入観が邪魔をしているようでした」との反省の弁を述べました。そして私たちの指導について、次のような感想がありました。

「一言で言えば、これは子どもの理解力を高める実践であると思います。お互いに目を見て話す・聞くという基本のもとで、『あなたを認めていますよ』という実践がそこにあります」

親であれ子どもであれ指導者であれ、自分の中の間違った見方・考え方・先入観を切り崩す手立ては、大人にとっては「教える難しさ」、子どもにとっては「学ぶ難しさ」を乗り越えること、つまり、まず初めに子どもに教わる姿勢・教わる力を身につけさせるという教育的アプローチにあるという共通した考え方がここに流れているのではないでしょうか。

教わる力を育てる

ところで、高校教師の宮原さんは先ほどの指摘の中で、特別支援教育の現状に言及しています。関係者の方々には厳しい言葉ですが、「『特別支援教育』がそういった期待に応えるものとなっているか？　そう言えないのが残念です」と率直に感想を述べています。

また、「自分自身が教員ですから、学校は現状で手一杯であることを知っています。さまざまな制約を抱えており、親の期待を完全に満足させることはできません。基本的には、親が自分でなんとかしていかなくてはと思っています」と言われます。

宮原さんは担任に効果的な接し方を提案することもあります。しかし、結局はわが子の問題です。学校に頼るだけでなく、家庭で自らできることはやるという覚悟を決めたのでした。

もちろん、期待に応えていない、と宮原さんが感じた原因は特別支援教育を担う教師の姿勢や能力にあるわけではありません。まだ効果的な指導法が確立されておらず、教師も試行錯誤しながら適切な方法を模索している状態と思われるからです。

特別支援教育の手引き書でさえ、たとえば、「『発達障害』と診断された子どもに学校で教科学習を行うのは難しい」「将来、社会生活につながるわけではない教科学習の代わりに、生活の自立をめざした教育目標を立てるべき」と指摘しているほどなのですから。

そんな状況ですから、教育関係者から次のように言われることは少なくないでしょう。

「学習の大切さは、いまさら言われなくてもわかっている。ただ、『発達障害』という診断が下されたのなら、一般の子どもとは異なり、学習をさせてもあまり意味がない」

このような先入観・思い込みは、ハンディがあるにもかかわらず、「教える難しさ」を克服し、学習を通して成長し、自分自身の力を伸ばし、周りとコミュニケーションがとれるようになった、数多くの生きた実例とその具体的な指導の仕方を知ることにより、次のように変わるはずです。

「『発達障害』という診断が下された子どもだからこそ、教わる力を育て、生活面の自立と並行して学習面も根気よく教えていくべきだ」

「学習こそ、自立への第一歩であり、言葉・コミュニケーション、認識、感情のコントロールなどを改善向上させる効果的な道具ではないか」

「どうしていいのかわからない」という子どもの思いに応える

ここまでは親や大人の思いについて焦点を当てました。次は、子ども自身と子どもの思いに触れておかなければなりません。

それは、子どもたち自身が発達上の遅れや課題に対して「自分でもどうしていいのかわからない」「どうにかしてほしい。この状態から抜け出すために手を差し延べてくれ」と願っている事実なのです。

かつて発達上の遅れを抱えていた子どもたちは、力をつけて成長し、課題を改善していくにつれ、以前の自分を「自分でもどうしていいのかわからない状態だった」と振り返っています。つまり、子どもたちの課題である、独り言を続ける、おうむ返しをする、落ち着きがなく動き回る、泣く、怒る、覚えられないなどの状態は、例外はあるにせよ、なにか理由があったり好んでそのような言動をとっているわけではありません。ただそうせずにはいられない、そうしなくては気が済まなかったのです。

言葉を理解できない、言葉が話せない、きちんと見たり聞いたりできない、感情や行動を自分でコントロールできない、物事を覚えられない、それらは切実で重大な問題です。その問題に直面して自分でもどうしようもない状態にある子どもをそこから引っ張り出してあげることが、私たち大人の役割であると思います。

それが、「しなくてはならないこと」「してはいけないこと」をしっかり教えてほしい、また言葉を覚え、話せるように教えてほしいという子どもたちの思いに応えてあげることではないでしょうか。

結局、大人は自らの「教える難しさ」をなんとか克服しようと努力する、子どもは子どもで自らの「学ぶ難しさ」をなんとか克服しようと努力する——この双方の努力が共鳴し合って、大きな実りをもたらしてくれるような気がします。

そのような子どもたちの思いや具体的な成長の道筋については第4章と第5章で詳しく紹介していきます。

第2章　「教える難しさ」を乗り越える親の歩み

子育ての難しさとは？

子育てを経験するとだれでも「子育ては難しい」と思うものです。いつの時代でも親を悩ませます。発達上の遅れ・課題をもつ子どもの場合はなおさら「子育てが難しい」「子育てが大変」と切実に感じているはずです。

ところで、この「難しい」という言葉の意味するところを考えていくと、子育ての中で常に求められる「教える」という、親から子どもへの関わり・行為に関して親は「難しい」と実感しているのだということです。つまり、「子育てが難しい」とは「教えることが難しい」という意味なのではないでしょうか。

第1章で指摘した発達上の遅れ・課題における「無意識の前提」、それは親や大人の前に立ち塞がるこのやっかいな「教える難しさ」（子どもにとっては「学ぶ難しさ」になります）を脇に置いたり、棚上げしたり、後回しにしている状態だとみなすこともできます。

また、効果のない指導とは、この「教える難しさ」に立ち向かうことなく、むしろそれを避けようとして、子どものやりたいことを優先してしまい、一般の子どもにはけっして行わないような特別なやり方で接し教えている状態だと言ってもいいのではないでしょうか。結果として、中途半端な教え方になったり、子ども本位の接し方になったりする原因は、そこにあると思われます。

「これで教えられる！」という実感

いずれにしても、このような「教える難しさ」に着目し考えていくと、発達上の遅れ・課題のとらえ方も、これまでとはずいぶんと変わったものになるはずです。

私たちは発達上の遅れ・課題の改善には、シンプルに次の五つの傾向に目をつけたほうがその後の対応が効果的だと考えてきました。

①言葉の遅れ
②しっかり見ること、聞くことができない
③感情や行動をコントロールできない（泣く、怒る、多動、こだわり、指示を受け入れない）
④覚えられない、理解できない
⑤①〜④の結果としてのコミュニケーションの遅れ

そして、この五つの傾向の改善に取り組む際にまず解決すべき根底に潜む問題、それこそが「教える難しさ」なのです。

言葉が遅れているから言葉で教えられない、見てもいないし聞いてもいないから教えられない、泣いたり大騒ぎするから教えられない……という具合です。

ところで、第1章で紹介した宮原さんをはじめとして、私たちの教室に通った多くの親から改めて話を聞いたり過去の話を思い起こしたりすると、全員の親が子育ての中でこの「教える難しさ」と格闘して、子どもに教えていけるようにしたいと努力してきたこれまでの経緯がよくわかります。

この第2章では、「教える難しさ」に直面した親が、それにもかかわらず周りの協力と自らの努力・工夫によって一歩を踏み出し、その困難を乗り越えるために試行錯誤した五つの実例を紹介します。

特に、「教える難しさ」を克服する手がかりをつかんで、「これで教えられる！」「ずいぶん関わりやすくなった！」と実感した、その瞬間・過程に注意しながら読み進めてもらえればと思います。

【実例1】「教えていける！」と直感した親の努力と工夫

○仁科君のプロフィール（現在、小学五年生）
三歳の時に専門医から「自閉症」という診断を受ける。言葉の遅れやさまざまな問題行動、偏食などの課題があり、それを改善する目的で三歳から学習を始める。

片道五時間かけて教室に通う。「座って」などの言葉がけに応じるようになり、ひらがなや数字の読み書きを通して決まり事やルールを知るようになってから、学ぶ姿勢が整ってくる。障害児通園施設を卒園し、小学校普通学級に入学。国語は学年相当の内容、算数は分数の四則計算なども学習中。

「なんとかしたい」という切実な思い

愛知県に住む元小学校教師の母親である仁科さんにとって、わが子（現在、小学五年生）の表情や仕種が気になったのは二歳を過ぎた頃でした。それまで発していた「マンマ」などの言葉がすっかり消えてしまったからです。心配になった仁科さんは、子どもを言葉の教室に通わせることにしました。しかし、相変わらず泣くばかり。また、療育施設の幼児サークルにも通い始めましたが、これも効果がみられません。座ろうともせず、好き勝手に走り回るだけでした。

偏食も心配の種でした。うどんなどの麺類とご飯、お菓子しか口にせず、野菜やみそ汁はいっさい受けつけなかったのです。通園した療育施設では、最初から給食にはまったく手をつけず、牛乳はまるで赤ちゃんのように哺乳瓶でしか飲めませんでした。

集団生活になじませながら解決の糸口を見つけ出そうと考え、幼稚園への入園をめざしましたが、子どもは椅子に座れず立ち歩いたり、面接する園長先生の机の上に上がったりして困らせました。結局、呼びかけに目を合わせることや応じることができず、入園はかないませんでした。

その後、勧められた児童相談所に行って相談すると、専門医から「自閉症」と診断されたのです。その時に、「子どもの遅れている現状を受け入れ、いまを大切にすべき」と説明されました。両親の「なんとかしたい」という切実な思いに対して、言葉を話せるようになるアドバイスはありませんでした。医師のほうもどう対処すればいいのかがわからないのでは、と仁科さんは感じたそうです。

「座って」の言葉にうれしそうに従う

仁科さんは事態の重大さに気づき、「自閉症」について調べてみると、その説明に「言葉の遅れ」「ものまね遊び・ごっこ遊びができない」などとありました。いずれも、わが子に当てはまるものばかりでした。血の気が引いてしまいました、と仁科さんはその時を振り返っています。

やがて診断は「広汎性発達障害の非定型自閉症」に変わりましたが、独り言を続けたり、執着行動を示したり、偏食があるという状態は変わりませんでした。自宅から外に出るとすぐに大声で泣き始め、車を停車する場所や靴を履く場所などが少しずれるだけで大騒ぎです。

書店で見つけた本『発達の遅れが気になる子どもの教え方』がきっかけになりました。新幹線や電車に乗れないこと、外食が無理だったことなどから、車で片道五時間かけて週一回、愛知県から通うようになりました。子どもは大泣きし、しばらくは抱っこして教室に連れてくる状態でした。

最初の相談会の当日は雪が降るとの天気予報が出されたため、前日の夜に車で自宅を出て、高速道路のサービスエリアで睡眠をとりながら来たとのことでした。教室で子どもは最大級と言ってもいいくらいの大きな声をあげていましたが、先生の指示で次第に落ち着き、椅子に座り、机に向かうことができました。

先生が「どんなに子どもが泣き叫んでも、ダメなものはダメ」ときっぱり指導している姿にも両親ともに感銘を受けました。「しょうがないわね」といった、それまでの対応とまったく異なっていたからです。

そして、一対一で八〇分間という一回目の学習が終わったあと、教室から「ちゃんと座って学習ができていました」という報告を受けましたが、その場では半信半疑だったとのことでした。

ところが、家に帰って仁科さんが子どもに「座って」と言うと、うれしそうな表情で座ったのでした。初めての出来事でした。その時、驚くとともに、「教えていける！」と確信したとのことです。親の言葉を子どもが理解し、親の言葉はコミュニケーションとしてわが子につながり、そこで初めて指示と言える形になった瞬間でした。もちろん、全員がこのように初回の学習からうまくいくわけではありませんが、それでも、ほとんどの子どもたちが彼のように変化のきっかけをつかんでいるのです。

その時の様子について、仁科さんはこう書いています。

「私たちが言っていることを、目を見て聞き理解しようとする姿がみられるようになり、息子が確実に変わっていくのがわかりました」

その後、山あり谷ありの成長とはいえ、仁科君は一気に力を伸ばしました。また、親の指示を理解し、それに従う姿勢も生まれてきたので、哺乳瓶で牛乳を飲む行為なども「コップで飲むよ」の一言で改まりました。

その頃までには、彼を含めた家族での外食や日常の買い物も問題なくできるようになり、新幹線でも静かに乗っていられるようになりました。激しかった偏食も改善してきました。それまでの大変な子育てがうそのように感じられたとのことです。

やがて、父親が会社に希望して実現した首都圏への転勤と埼玉県への転居を経て、彼は見違えるような成長をとげました。

そして、仁科さん自身、子育てのために休職していた教職への復帰も可能になりました。子どもを妊娠・出産するまでは小学校の教師でしたから、出産後に復帰することは当たり前のことと考えていました。しかし、子どものハンディがわかってからは、「二度と教壇には立てない」と諦めていたそうです。それが、学習の効果・成果によりわが子に力がつくとともに、背中を押されるように職場復帰の可能性が高まったというわけです。

実際、彼が三年生になってから教育の現場に戻ることができました。仁科さんは新たな使命を感じているようです。

「小・中学校では、普通学級に在籍する発達障害などがある児童を支援する仕事があります。息子のような子を一人でも助けたい、そして現場の先生方の力に少しでもなれるのではないかと思い、その仕事を選びました」

親の指示が通るようになると教えやすくなる

このように長い間、仁科さんは子どもが大泣きしたりかんしゃくを起こしたりするために、なかなか教えることができませんでした。それが、学習を基本にした指導によって様変わりしました。パニックになったり、指示に従わなかったりということもなくなりました。

家庭でも、子どもの不適切な言動の改善に取り組みました。無意味な独り言を続けたり、こだわり行動を繰り返したりといった問題点が、親からの指示が子どもに通るようになるとともに収まっていったのです。

いま、仁科さんはわが子の成長について次のようなコメントを寄せています。

「いまでは、学校から帰宅するとランドセルから教科書を出し、連絡帳を開き、宿題と持ち物を確認します。わからないところは私に聞いていますが、ほぼ一人で進め、翌日の準備も完璧にそろえています」

小学校教師の仁科さんだけに、学習の影響力に信頼を寄せます。学習は、親にとっても子どもにとっても具体的な形として確認できるだけにやりがいがある、と仁科さんは感じているそうです。

「丁寧に書けたね」「文章をきちんと読んでいるね」と言って子どもの努力を認めてあげる母親、そしてその意味がわかり素直に喜ぶ子どもの家庭での様子が見えてくるようです。

【実例2】家庭での取り組みが大きな鍵

○藤田さんのプロフィール（現在、中学二年生）
言葉の遅れや多動傾向があり、二歳四ヵ月の時に専門医から「発達障害」の診断を受ける。年長の四月から片道二時間かけて教室に通い、学習をスタート。授業に付き添うなどの母親の支えと学校との信頼関係のうえで、普通学級で小学校生活を送る。中学校も普通学級。現在、数学は多項式、英語は受動態、国語は『平家物語』を学習中。

「発達障害かも」との不安

幼児期から振り返ってみましょう。藤田さん夫婦の子育ても不安な日々の中で繰り返されました。生後八ヵ月の頃から夜泣きが激しくなったそうです。普通では考えられないほどの夜泣きで、しかもそれが時間とともに収まるどころか、だんだんひどくなっていったのでした。

「他の子どもと比べてはいけない。成長には個人差があるものだ」と思うように努めていたものの、あまりの違いに不安が増していったのが二歳になった頃でした。特に言葉の遅れが明らかで、わずかな単語と数少ない二語文だけという状態にとどまっていました。また、相変わらずの夜泣きに加え、音に過敏になり、食事時間中には席を立ってテーブルの周りをぐるぐると回る行動を繰り返していました。

ある日、発達障害の子どもの日常生活を紹介するテレビ番組を見て、わが子とまったく同じような行動と食事の様子に驚き、夫婦で「発達障害かも……」と思いました。いよいよ心配になり、専門医を受診したところ、二歳四ヵ月の時に「広汎性発達障害」「自閉傾向」と診断を受け、発達に大きな遅れがあることが明確になりました。

「話せるようになるのでしょうか?」と藤田さんが質問すると、専門医からは「娘さんは重いほうなので、私たちと同じような会話をするのは無理です」と伝えられました。そして、その専門医の勧めで、病院の療育と保健センターの言語指導を受けるようになりましたが、親の期待するような成長がみられません。

「必要ななにか」に出会えた実感

三歳になり幼稚園を探しましたが、入園を断られることが続きました。幸い、事情を了解してくれた幼稚園に入りましたが、「幼稚園で言葉の獲得や社会性などの多くの問題が解決できるわけがなく、集団生活の中に入れても思うように成長してくれない」と感じて、両親の悩みが解消される目途は立ちませんでした。

そして、今後の子育ての参考になりそうな手がかりを必死に求めていた時、読んだ本の中に、「これだ」と思った本（『自閉症児の学ぶ力をひきだす』）がありました。両親ともに、「娘になにか足りない、なにをすればいいか」と考えていたのですが、それに答えてくる対応策が本に書かれていました。それは「学習を通して学ばせる」と学習の大切さが書いてあった唯一の本だったとのこと。「まるで喉のつかえが取れたように共感できる内容でした」とその出会いを振り返っています。

私たちの教室には、まず父親だけが相談にやってきました。その理由は、自宅から片道二時間以上かかること、娘が人混みを嫌い、強い乗り物酔いもあったので、果たして連れていけるものかと心配していたからです。教室の様子や通学の可否を事前に調べ、なんとか大丈夫という判断を経て、家族三人で相談会にやってきたという具合です。藤田さんの振り返りの言葉を紹介します。

「やっと探していた『必要ななにか』に出会えたと実感しました。と同時に、今後の成長を期待できると感じ、夫も私も気持ちが明るくなったのを思い出します」

週一回、幼稚園を休んで教室に通うようになりました。予想通り当初は道中が大変でしたが、徐々に慣れていき、不思議なことに、夜泣きが収まっていったのです。これまでのようなあいまいな対応ではなく、「しなくてはならないこと」「してはいけないこと」を家庭でもきっぱりと伝えるように接し方を改めた成果がこうして出てきたのだと言えます。

担任との信頼関係

子どもに家庭でなにを、どう教えるべきかがわかり、子どもが親の言葉に従えるようになってから、言葉が増えて、少しずつ落ち着きも出てきました。一方、小学校入学前の就学相談の場で、親の意向を伝えるとカウンセラーから「普通学級に入学させるのは親のエゴであり、迫害です」と言われたそうです。

悩んだ両親は、入学先について私たちに相談しました。「力をつけてきているので、小学校は普通学級へ入学されたらいいです」と伝えました。この事例のように、適切な注意と指示さえあれば問題行動は収まり、物事に取り組む力はあるのに、最初から普通学級は難しいと一蹴されてしまうことは本当に残念です。

いずれにしても、いろいろな問題を乗り越えながらの小学校普通学級での六年間でした。そして、担任の対応の仕方だけで子どもの言動や態度が様変わりする事実に、親は気づかされました。よく見ていて、きっぱりと注意する担任の時には子どもの気持ちも緊張し、学校でいい態度が保てましたが、そうでない場合には姿勢が崩れてしまうことが多かったのです。

一年生の担任とのエピソードが興味深いと思われます。入学当初、彼女はクラスで指示が通らない状態が続いていたそうです。授業が始まっても席に座っていられず離席してしまい、休み時間には教室を飛び出してしまう問題行動について、授業参観日の前になって初めて担任から聞いたのです。そして、驚くような対応策（座席を衝立で囲う）をとるという説明があったのです。他の子には絶対にしない特別なやり方はしてほしくないと父親から学校側に伝え、どうにか了承してもらったのでした。

結局、親が授業態度の注意点を念押ししてから学校に送り出していたこともあり、授業参観当日は離席することはまったくなかったそうです。すると担任から、「お母さんが見ていたので離席をせず頑張ったのでしょう」と言われ、しばらく登校から下校まで付き添うことになりました。すると、担任は、彼女の落ち着いた姿に驚き、親に質問しました。藤田さんはそのことを次のように書いています。

「すると担任は、娘の落ち着いた姿に、どのように指示を出したらいいのか、伝える時の声の大きさなど具体的に教えてほしいとおっしゃいました。私は『娘と目を合わせ、〝します〟〝しません〟と毅然とした態度で指示してください』とお願いしました」

この言葉に、親としてやるべきことが語られているように思われます。また、教師として、どうしていいかわからないことを「わからない」と率直に親に伝え、教えを乞うた態度には見習うべきものがあるように感じます。三年生で再び担任がその教師に変わったそうですが、担任の観察と指導がいかに大切か、藤田さん夫婦ははっきりと認識したのでした。

子どもの成長という説得力

中学校も普通学級で学べる環境を選びました。しかし、入学早々大変な困難が待ち受けていたのです。授業では教科書の他に資料集・ワークブック・プリント用ファイル、ノートは授業用と課題用の二種類など、一教科ごとに準備が大変で、彼女はそれに戸惑い、授業中にそろっていなかったり、ノートに板書を全部写しきれず、その結果、集中力は欠け、落ち着きがなくなり、担任から厳しく注意を受けるようになりました。

その時、私たちからは「基本を徹底しましょう」とアドバイスを送りました。そして、準備すべきものは教科ごとにゴムバンドで括り、忘れ物がないようにしたり、ノートの取り方をチェックし、書き直させたり、授業内容を家庭でしっかり復習すること、毎朝、授業態度について注意を促すことなど、親が一所懸命取り組みました。その成果が現れ、学校からも高く評価してもらえるようになりました。「教育は女の子も男の子も関係なく基本は同じですね」と振り返っています。

そのような苦難を経て藤田さんが到達した視点は本当に説得力をもちます。

「二歳四ヵ月の時、医師から『私たちと同じような会話をするのは無理です』と言われたのがうそのようです。これも家庭学習で基本を徹底することで、学校生活、学習面に成果が現れ、子どもの努力し成長する姿が学校との信頼関係を築く要因になっていると感じます」

先日、学校で音楽会があり、その様子を話してくれました。

「娘が舞台の上で視線を前に向け、体がそわそわ動くこともなく、いい表情でしっかり歌っていたのです。歩く時の姿勢、座っている時の姿勢など、礼儀正しくしていて、わが子ながらよくここまで成長したと胸に迫るものがありました。担任の先生からも『成果が出ましたね。上手に歌っていました』と言っていただきました」

私たちは「どこの学校であろうが、いい教育やいい環境が待ってくれているわけではありません。やはり、家庭での親子の努力、そして学校との信頼関係づくりを忘れてはいけません」

と保護者に伝えています。

【実例3】あいまいなアドバイスと療育に翻弄された親だからわかる指導の力

○柳川君のプロフィール（現在、小学三年生）
年中の秋に専門医から「知的遅れを伴う自閉症」という診断を受け、年長の七月から学習を開始。最初になんとか発音できた六音を手がかりに学習を続けるにつれ、発音できる単音の数が増え、次第に単語が言えるようになった。弱点である覚える力を育てる目的で、計算やひらがなの練習に取り組む。現在、特別支援学級で学ぶ。小二相当の読解・小三相当漢字の読み書き、筆算のかけ算・割り算を学習中。

さまざまな療育に通ったけれど、言葉は出ないまま

就学を目前に控えた年長になっても言葉が出なかった男の子（現在、小学三年生）の母親・柳川さん。遠回りはありましたが、ようやく学習の効果・成果に触れることができました。

二歳四ヵ月から四歳になるまでは、専門医に勧められた地域の療育センターで月一回、個別心理相談を受けながら様子を見ていました。その療育センターの指導は、おもちゃで遊びなが

らやりとりをし、それを通して話したい気持ちを育てるやり方でしたが、言葉の進歩はありませんでした。

年少から幼稚園に入ったものの、まったく言葉が出てこないので、年中の一年間は休園し、毎日、療育センターと民間の療育施設に集中して通うことにしました。わが子が話せるようになるために、なんとかしてあげたいとの思いからです。

柳川さんはその指導やアドバイスに従って子育ての日々を送りました。しかし、指導によってわが子は座れるようになったものの、一番期待している発語はみられませんでした。結局、年中の秋には専門医から「知的遅れを伴う自閉症」という診断を受けました。

そして、その専門医の勧めにより、今度は別の、自宅から遠い民間の療育教室に月曜日から土曜日まで毎日通うことにしました。「専門医の勧めだから」と期待しながら、その教室から言われる通りに家庭でも精一杯努力を続けました。

ところが、半年ほど経った年中の三月のことです。その療育教室の指導担当者から、次のような話がありました。「これ以上、発語の指導はできません。声が出てこないのです。他のスキルを伸ばしていきましょう。タブレットを使っていきましょう」という内容でした。

柳川さんが「この子はもう話せないということですか?」と問いただすと、その担当者から「一生しゃべれないとは言い切れませんが、ここで半年間関わらせていただき言葉が出てこなかったお子さんは、いま小学三年生になってもまだ言葉が出てきておりません」という返事だったのです。

指導担当として正直な返事だったと言えばそれまでですが、親にとってはあまりに無責任な対応のように感じられました。その時の気持ちを「目の前が真っ暗になりました。私たちが希望する言語指導をしてくれるところはないのか。この子は本当に一生話せないかもしれないという不安と焦りでいっぱいだった、もうなにもやる気がなくなった」と振り返っています。

最初の指導で六つの音が出せた

小学校入学が迫る中、柳川さんの心の中は不安で押しつぶされそうでしたが、通園していた幼稚園の園長からある話を聞きました。以前、オムツもとれず言葉も話せなかった子が専門の塾に通って話せるようになり、小学校では繰り上がりの計算が一番にできたと言うのです。その話を頼りに、年長の七月、私たちの教室に出会うことができました。

柳川さんもやはり、教室での最初の指導（指導相談会）で驚いた多くの親の一人です。横でご主人と一緒に見ていた柳川さんは、わが子が三〇分間、指示に従ってじっと座り、学習に取り組む姿にびっくりしたのです。長い間、一所懸命子育てに取り組んだにもかかわらず、少しもその兆しが見えなかった発音・発語が、その時、わずかとはいえ認められました。

その時の様子を季刊誌にこう記しています。

「そしてなんと、その相談の場で六音出たのですから。その音を私たちは初めてハッキリと聞きました。同時に口周りの筋肉が弱いこと、いままできちんとした指導を受けていないので声の出し方がわからないことなど、いまやるべき最優先課題を明確に示していただき、納得することばかりでした。『まずは、言葉が出るようにしないといけませんね』と先生からも冷静におっしゃっていただいたことで、もう頼れるところはここしかない、とにかく頑張ってみようと夫婦で決断をし、いままでの療育をすべて整理し、翌週からすぐに通い始めたのでした」

柳川さんが指導法で驚いたことはたくさんありました。最初から口の周りに手を当てて発音を促す指導を受けたことが一つです。それまでの療育で口をそろえたように言われたのは、「母親がじっくりと絵本を読み、遊んであげることが大切」「言葉の出ていない子は遊びながら話したい意欲を育てる」「絵カードをたくさん使って言葉を覚えていく」「体の緊張をほぐし、手遊び摸倣することが発語に結びつく」「話すには段階があります。まず、絵と文字のマッチングや線引きから始めます」という言葉でした。肝心の発音を促す言語指導はまったくなかったからです。

また、学習が終わったあとのレポートを見ると、練習した内容が細かく書かれていたことにも驚きました。家にある普通の筆記用具や物を使ってどういう手順でなにをやればいいかが書かれていたからです。それまでの療育教室では、家にはない特殊な教育玩具が使われ、その練習の結果が簡単にレポートに書かれているだけでした。親にとってはちんぷんかんぷんでした。宿題もありましたが、その練習が次のなにに結びつくかといった、納得できる説明を受けたことは一度もなかったそうです。あまりに対照的でした。

その後、発音・発語のほうは最初になんとか出た六音を手がかりに四ヵ月を待たずに三八音にまで増えました。時間はかかりましたが、子ども自身が意識して強い息を出して声にしようとする努力が実を結んだ結果です。柳川さんの話によると、一回一回の学習によって発音できる音の数が増えるなど、具体的な力をつけていくことが手にとるようにわかり、指導の効果・成果を確認できるようになったと言います。

そして、短期間の学習にもかかわらず、小学校入学前には簡単な質問にも答えられるようになりました。自分の名前や「だれと来ましたか?」「なにに乗って来ましたか?」、そして先生の名前、教室名などです。

それまで、家庭では返事ができず、指差しもできない状態だったのが、言葉が出るようになってから一気に状況が変わりました。家でも少しずつ教えられるようになったのです。

ようやく「正しい指導法」に出会ったというのは言い過ぎかもしれませんが、少なくとも「優先すべき指導法」に出会ったとは言えると思います。

その後、ひらがなの読み書き、二〇までの数の理解と計算などの学習を進め、特別支援学級に入学しました。

「家庭での練習方法をわかりやすく教えてもらった」

柳川君は言葉の遅れの他に、覚える力が弱いという課題をもっていました。たし算の学習も苦手だったのです。当初は1＋2といった計算もなかなか覚えられず、泣き出すこともありました。

そこで、家庭ではこの課題を克服するように、私たちは促しました。柳川さんはアドバイスを素直に聞き入れ、弱点となっていた覚える力を養うために、家庭でも毎日繰り返し練習しました。部屋のドアなどに式を書いた紙を貼り、いつもそれを読ませるといった練習も地道に続けました。その成果がみられるようになり、学年が上がるにつれて、たし算、引き算、かけ算、そしてコミュニケーション力も伸びてきました。

一方、子どもが自分の言動をコントロールできずに、鉛筆を投げたり、親を叩こうとしたり、離席して騒いだりする場面が現れてきました。そこで、柳川さんは教室での指導の様子を改めて見学し、反省しました。家庭では、してはいけない行動をつい見逃し、そのままにしていたことが原因で、いつの間にか教室からの教えと異なる接し方になっていたと反省し、家庭での接し方を修正したのです。

このように、私たちのアドバイスに従って学習面・生活面、こだわりなどの問題に対処しています。成長にしたがって反抗的になる場面などもありますが、基盤の力はすでに身につけているので、親が子どもの目を見てきちんと言い聞かせれば態度を改められるようになっています。

そして、家庭学習で壁にぶつかった時やわからないことなどがあった時には教室に相談をするよう心がけています。教室の指導はすべてが納得できるそうで、自ら経験した指導を踏まえてこう指摘しています。

「家庭でも精一杯やってきましたが、まったく発語につながりませんでした。そのような療育では時間とお金をかけて週に何回もただ通っているだけで話せるようになるわけがなく、きちんとした正しい言語指導が受けられているか、そして家庭での練習方法をわかりやすく教えてもらい、それを実践できるか、そこが重要なのだと、いまようやく少し落ち着いたからこそ、そう思います」

親として、いくつかの指導を比較し、どれが効果のある指導法なのか、それを見極められるようになったということではないでしょうか。

【実例4】専門家の「常識」・親の「常識」で揺れながら見つけた真実

○立花君のプロフィール（現在、年長）

言葉の遅れや問題行動などがあり、五歳で「自閉症」と診断される。いくつもの療育機関や医療機関で相談するものの、大きな変化はないまま六歳に。「なにもできない」と親が諦めかけていたその頃に、父方の祖父からのアドバイスがきっかけで学習を開始。当初、特別支援学校への入学を勧められていたが、現在、普通学級入学に向けて、受け答えの練習、ひらがな・カタカナの読み書き、助詞の使い方、たし算などを学習中。

言語聴覚士としての「常識」が邪魔をした

立花さんが適切な指導に出会うまでに特徴的なことがあります。立花さんは大阪に住んでいました。言語聴覚士として働いている時に、男の子（現在、年長）を妊娠・出産し、その後、五歳で「自閉症」と診断されたのです。

言語聴覚士と言えば、一般に言語訓練の専門家と言えますが、言葉を話す大人の機能回復が目的という場合が少なくありません。立花さん自身が認める通り、発音・発語のできない子どもに、言葉を話せるようにしていく言語訓練についてはあまりノウハウが蓄積されていないようです。

言語聴覚士の立花さんは、わが子の言葉の遅れ、そしてさまざまな問題行動という発達上の遅れ・課題に気づき、不安を感じながらも、その後の接し方は諦めに近いものでした。

医療関係者ですから当初の対応はすばやく、いくつもの医療機関や療育施設を訪れました。しかし、相談するところすべてで「もう治らない。知能も言葉も追いつくことはない。みんなと同じようにできなくて当たり前。あとは特別支援教育を受けるだけ」といった言葉を聞くばかりでした。

親としては「そんなことはない。なにかきっかけがあれば変わる」と努めて思うようにしましたが、医療者としての「常識」も加わって気持ちが萎えていきました。次第に「このまま変わることはないのかも」という悲観的な考えに傾いていったのでした。

家ではなにかの折りにわずかながらわが子に教えられ、子どもも少しできそうな気配を漂わすことはありました。しかし、三歳から通い始めた幼稚園という集団生活の中では、なに一つできない状態でした。頑張って子育てをしようというやる気がだんだんなくなってきたのを感じていました。

要するに、このハンディは大きく変わることはなく、無理をさせず、特別支援教育を受けることが本人のためである、そんな常識にいつの間にか押し流されようとしていたのです。

転機になったのは、義理の父親の一言でした。「いい本だからぜひ読んでみて。これこそが教育だと思う」と言われて渡された本『誤解だらけの「発達障害」』には親の疑問を解消してくれるヒントが詰まっていました。

そして、親子三人で新幹線に乗って、最初の相談会に参加して、本の内容とまったく変わらない指導であることを確認したそうです。

学習を見学した親の前に映ったわが子の姿

教室での最初の学習は三日間に渡りました。一日目、こちらから「離席せずにきちんとやっていました」と報告しました。一日目の学習のあとの様子について、立花さん自身は次のように書いています。

「『三時間も座っていられるのかな』と不安な気持ちでいっぱいでしたが、一日目の学習を終えて出てきた息子の顔は、いままで見たこともないとてもいい表情でした。先生のお話では、一度も離席することなく、指示に応じることができていたそうです」

内心、そんなことはない、うちの子が座っていられるわけがない、と不思議に思っていたそうです。心配させないようにとの配慮で言ったのだろう、実際はおそらくかんしゃくを起こしたり寝そべったりして先生を手こずらせたんだろう、ひょっとしたらお漏らしをしたかもしれない、そう勘ぐっていたのです。

ところが、二日目の学習を最初から見学した親の目には、信じられないわが子の姿が飛び込んできました。手を膝に置いて返事までしているのです。教室で先生から「手を膝にします」「プリントの向きを変えて渡してください」といった言葉を受け止め、それに返事をして健気に対応しようとするわが子の姿、あるいは指示に従って同じ絵柄を置く作業などに真剣に生きき生きと取り組む姿を目にして驚くばかりでした。

驚くのも無理はありません。かつて彼は周りからの働きかけにいっさい応じられませんでした。その状態が見違えるように変化しているのです。親として初めての経験となりました。本当に「ありえない」と驚きました。

立花さんにすれば、「子どもは見ていないから、聞いてもいない。つまり、わかっていない」という、大事な事実を一から教えてもらったのです。そして、その時、「これでうちの子は変われるぞ！」と思ったのです。

就学へ向けた見通しが立つようになった

教室では、学習の始まりと終わりに指示に応じてあいさつをさせます。「お辞儀をしてください」「下を見て」「口を閉じて」と声をかけながら応じる姿勢の練習です。彼も繰り返し、繰り返し、繰り返し、練習に取り組んでいます。

そして、それまでの状態とはまるで別人になりました。以前は、幼稚園の見送りの際、親と別れる時に彼が床に寝そべり、先生たちが引きずっていく、また彼がひっくり返る、先生が増えてまた引きずっていく、の繰り返しでした。好きなことはやる、そうでないものはまったく受け入れない状態だったのです。「なに一つできない」と先生方も匙を投げていました。それがあっという間に大きく変わりました。

私たちの教室に通う子どもたちは、学習や学校が大好きな子どもばかりです。立花君もそんな一人です。いまでは、近くの駅に降りると、彼は気持ちを切り替えるように「エルベテークでお勉強する」と言い、さっさと歩き始めます。さらに教室が近づいてくるとうれしそうない顔になってくるそうです。

また、子どものほうだけでなく、両親も変わりました。教室の先生のやり方をまねることによって、家庭でどのように接すればいいのか、教えればいいのかがはっきりわかるようになりました。具体的にやるべきことが親もわかり、家庭で実際に取り組めるようになったのです。

その結果、彼は家庭での学習に一時間程度取り組めるようになりました。学習開始前の状態からは想像もできない姿です。子どもができるようになった事実を前に、少しずつですが、就学へ向けた見通しが立つようになりました。

立花さん親子のケースのように、応じられないという、ただそれだけで大人が「この子はなにもできない、わからない」と結論づけ対処してしまうとしたら、そうした対応の仕方に立花さんともども疑問を感じざるをえません。

「親はただ諦めているだけ」

ところで、教室で学習した内容を家庭で具体的に復習できることが私たちの教室のよさだと立花さんは評価しています。学習を終えて教室からの帰り際、いつも遅れ気味の昼食になるそうですが、注文した料理をテーブルで待っている間、親子で学習内容を復習しているとのことです。家で一時間ほど学習できるものの、教室での学習のあとすぐの復習を親子で楽しみにしているそうです。

諦めなくてよかったと本当にそう思います、と立花さんは話します。まだ学習を始めて間もないのですが、だれが見ても明らかな大きな成果が現れています。昨年までは、入学先は特別支援学校と言われてきましたが、普通学級をめざしてやれるとは、いまでも信じられません。現在、ひらがなの読みは終わり、「や行」を書く練習まで進んでいます。たし算も学習中です。親子が感じるその成長の手応えは、これからの学習を後押ししてくれることでしょう。それにしても、大きく変わりつつあるわが子の姿を前にし、思うことがあると立花さんは言います。

「これまでずっと『この子たちはみんなと同じようにできないのが当たり前だ』と言われ続けてきました。そして、うちの子よりもずっとできる子が特別支援学級へ行く状態です。セミナーでも『無理はさせないほうがいい。楽しく通えることが大事だ』とか『すべてを受け入れるようにしましょう』とアドバイスされます。そして、『家で勉強させたらダメ』とまで言われます。親に対しては、『寄り添って』『上手に生活する』といった言葉がよく使われますが、とんでもないと私は思います。みんなただ諦めているだけなんです」

穏やかな立花さんがこんなことを言うのも、わが子の大きな変化を目の当たりにしたからではないでしょうか。

【実例5】質の高い特別支援教育を求める親の思い

○坂本君のプロフィール（現在、中学一年生）

小さい頃から言葉の遅れや執着行動などの気になる行動を示し、四歳の時に「広汎性発達障害」という診断を受ける。おうむ返しや独り言という言語面と認識面の遅れ、そして他傷行為などがあり、年中の一月からその改善のための学習に取り組む。就学猶予を受け、言葉の理解を高め、ひらがなの読み書きなどを身につけて小学校普通学級へ入学。中学より特別支援学級に在籍、現在、中一相当の式の計算・一次方程式、中一相当の漢字、聞き取りと短文読解、英語のｂｅ動詞などを学習中。

「このままでは大変だ」との強い思いから

三三週で一七九四グラムという早産で生まれ、四歳の時に「広汎性発達障害」と診断された男の子。母親の坂本さんによると、小さい頃から音に過敏で、ミルクを嫌がったり、オムツを替えてもミルクを飲ませても寝なかったりという、気になる行動を示していました。

夫婦とも医師です。早産だっただけに人一倍子育てには気をつけたつもりでしたが、長い間、わが子に対してどのように関わればいいかわからず、紆余曲折の子育てを経験しました。その過程では、断片的な専門知識にとらわれることもありました。いまとなっては、それが適切な対応を遅らせてしまったように見えます。

時間が経過するにつれ「通常の発達ではない」と感じた坂本さんは、自分の経験や予想とはまったく異なる育児に直面したのでした。母親から「あなたは仕事ばかりしていて、子育てを他人任せにしているから悪い」と苦言を呈されたこともあったそうです。

同じ医師のご主人のほうも、医師とはいえ子育ての方針が定まらず、三歳までほとんどの専門書や育児書に書かれた指導法に従っていたと言います。たとえば、「自由にさせてください」「ストレスが一番よくない」「自発的に伸びる力が身につくまで待ってください」というアドバイスを目にすれば、その通りにしなくてはいけないと思い込んだそうです。

ご主人が当時を振り返ってこう話してくれました。

「専門書や育児書が説明する通りに育児をした結果、わが子が『泣く、噛む、わめくといった、動物に近い子ども』になった時、初めて『なにかが違う。このままでは大変だ』と思いました」

坂本さん夫婦も日常生活の中で大きな支障・問題が出てきて、心から「このままでは大変だ。どうにかしなくては！」と強く思い、改めて行動を開始したのです。

小児科医は「大丈夫」と言ったけれど

夫婦ともども育児に自信を失い、小児科医に相談することにしました。そこで受けた説明は「いまは発達途中の段階であり、異常だとは思われない。しかし、『どうしても』と言うなら、療育園を紹介する」でした。

医師であっても、担当する診療科が異なれば、その専門医のアドバイスに従わざるをえません。アドバイス通り集団生活に入れてみたものの、子どもの気になる状態はいっこうに収まりませんでした。「小児科医が『大丈夫』と言ったのだから……」と自分自身に言い聞かせながら思い悩む日々が続きました。しかし、実際は教えようにも教えられないために「このままでいいのかな」と思いながらも、ただ現実から逃避していただけだったと坂本さんは振り返っています。

保育園での坂本君は、椅子を回し続けたり、戸の開閉に強い執着を見せたり、周りとの関わりはまったくないというような状態でした。

幼児教室にも通ったことがあります。子どもがそっぽを向いてぼんやりしていても、そばで次々にカードをめくっては「これはなに?」と質問していました。坂本さんが「なにも反応しないのですが」と聞くと、「こういう子は聞いていないようで聞いていますから、延々と続けていくことが大事です」という説明を受けました。なにかおかしい、なにかが抜けている、と接し方・教え方について疑問が大きくなっていきました。

その後まもなく、年中の時に、たくさん読んだ本の中から『発達の遅れが気になる子どもの教え方』で私たちの教室を知り、「子ども自身に力をつける」という視点の大切さに気づき、それを家庭でも実践するようになったのです。そして、発音やあいさつの練習などになんとか応じようとするわが子の姿を見て、「これなら教えられるかもしれない」という気持ちが初めて生まれたそうです。

学習の積み重ねによる大きな変化

意識的に学習に取り組むようになった年中の頃、子どもの状態は依然としておうむ返しと独り言が多く、コミュニケーションがとれないままでした。坂本さん夫婦は、わが子の要求がなんなのかわからず、つい先回りした、しかし的外れの対応をとることがしばしばでした。

その当時は、ひらがなの「あ」さえ読めないし書けない状態だったからです。なんとか教えようとして「あ」の文字を見せれば、ただ号泣するだけでした。また、形を認識する力が不足し、文字の判別ができません。ひらがなの読みもできず、書き表すことは困難を極めていました。坂本さんは「この子が数字や文字を覚えられるようになる気さえしませんでした」と当時を振り返っています。

ところが、次第に家庭でも、いままでのような子どもが泣いたら終わるという対応の仕方ではなく、教室の指導をまねて根気強く繰り返し発音や読み書きの練習に取り組むようになりました。やがて彼は学習する姿勢が身につき、少しずつ物事を覚えられるようになっていきました。

とはいえ、彼にとって小学校生活のハードルはかなり高い、そのことは客観的に明らかでした。入学が近づいた頃、教育委員会から「この専門医に診断を受けて、その結果に従ってください。普通学級は無理です」という連絡を受けました。

もちろん、わが子が学校で学べる状態でないことは重々承知していました。そこで、少しでも学べるように育ててから小学校に入学させたいと強く思ったのです。結局、私たちと相談して就学猶予を選択することにしました。一年かけて、小学校の普通学級で生活を送れる力を少しでもつけたいと考えたのです。

このようにして、学習を続けるにつれて次第にできることが増え、ひらがなもなんとか書けるようになり、ずいぶん成長し、入学を迎えようとしていました。しかし、再び厳しい現実を突きつけられました。保育園の様子などから普通学級は難しいと教育委員会は判断したのです。そして、特別支援学級を見学するようにアドバイスされました。

見学すると、そこには窓辺で寝転がる子、笛を吹く子、プリント学習の途中で離席し歌を歌う子などがいました。しかし、担任はそれらの行動を止めるのではなく、「そうか、いまは笛が吹きたいんだね」という対応です。その後、面談した校長先生は「親の希望を受け入れることはできません。特別な子は特別な環境で育てるのが幸せなのですよ」と話されたそうです。

学校関係者には両親に過大な期待を抱かせないようにとの配慮があったかもしれませんが、いま振り返っても親の思いを汲み取らない対応に終始したように思われて仕方がありません。

「うちの子は何十回かやったらできるようになる」

そして悩んだ末、他の子どもたちと一緒に集団生活を学び、ルールを覚えてもらいたいとの気持ちから普通学級を選択することにしました。また、「親が登校から下校までずっと付き添う」と教育委員会から指定された条件をクリアするための努力もしました。

坂本君が担任の話を聞いていない時や指示がわからない時、あるいは独り言やへらへら笑いが出てきそうな時などには、そばに付き添っている親が合図を送って注意しました。タイミングを逃さなければ、彼はなんとか姿勢や気持ちを持ち直すことができたのです。

このように学校生活が始まりました。二年生の時は、とても覚えられないだろうと心配していた漢字の読み書き、繰り上がり・繰り下がりの計算、筆算などの学習に取り組み、反復練習によって理解し、できる部分が増えてきました。漢字を書けるようになるなんて、と驚きました。以後、「うちの子は同じことを何十回もやらなければできないけれど、何十回かやったらできるようになる」というのが坂本さん夫婦の実感です。

三年生の時を振り返って、次のように話しています。

「担任からは『おうちの方に頼り切りになって申し訳ない』という言葉さえかけていただけるようになりました。幸い、いじめにも遭わず、登校しています。教室で力をつけ、漢字や計算を頑張っている姿、学校の授業にある程度ついていけていることが大きく関与していると考えます」

このように学校の理解と協力を得ながら、安定した小学校生活を送りました。中学進学にあたっては、付き添いができないこと、教科担任制であること、学力やコミュニケーションの力不足を考慮し、学校などと相談して特別支援学級を選択しました。

わが子の力が少しずつ伸びるにつれ、ご主人は冷静に周囲の事情を見渡せるようになりました。最近のことですが、残念そうな表情でこう話しました。

「周囲には、息子より明らかにハンディは軽く、『きちんとした指導を受ければ、この子はもっと伸びるだろうな』と思う子どもがたくさんいます。でも、残念なことに、継続して学習を受けるとどうなるか、適切な学習をどこで受ければいいか、そういう情報を知らないためにそのままという状態がみられます」

他人事とは思えない、という気持ちが伝わってきます。きわめて示唆に富む言葉だと思います。

我慢する力と読み書きの力が生まれた

坂本さん自身も「教室に出会うまで、本心から専門家の説明に納得したことはありませんでした。成果の実感を得ることもありませんでした」との感想にもあるように、長い間、アドバイスや教育にたいした期待もかけてきませんでした。しかし、初めて教育や学習の効果・成果をわが子を通して間近で確認することとなりました。五年生の終わりに次のように記しています。

「しかし、いまはどうでしょう。小学校の担任の先生が『漢字をよく覚え、頑張っています』とほめてくださるまでになりました。いまも数の大小など苦手なところはあるものの、分数に取り組むまでになりました。できないからやらない、泣いたからやめる、ということをせず、間違えても繰り返し学習を積み重ねていくことが力になるのではないかと考えています」

坂本さんは、わが子が少しずつ自分で我慢できるようになったことが小学校生活にいい影響をもたらしたと見ています。衝動に駆られて行動していた以前の状態から大きく変わったのです。

それからもう一つ大きな変化として、文字の読み書きができるようになったことを挙げています。自閉傾向がかなり強いわが子は、もし学習を受けずに言葉が話せない状態のまま成長していれば、おそらく文字の読み書きはできなかっただろう、また、周りからは「文字は読めないに違いない」「漢字は覚えられないに違いない」と受け止められ、満足な指導を受ける機会を逸してしまっただろう、そう思っています。

六年前の季刊誌で、当時小学二年生のわが子の学習に関連して、指導力の大切さをこうまとめました。

「これまで周囲からは、『自閉症はある程度の知能の伸びしか得られないんですよ』『普通学級など絶対に無理です』『この子が繰り上がりの計算なんかできるようになるわけがないじゃありませんか』『子どもを怒らず、無理をさせず、のびのびさせることが大事なんですよ』など、いろいろ言われてきました。心を砕いて話をしても、見栄のために子どもに無理を強いる親としか見てもらえないのは悔しく、何度もくじけそうになりました。

もしエルベテークでの指導がなかったら、私たちは小学校という荒海の中で小舟のようにただださまよっているだけだったと思います。まだまだ学校の日々はつらいけれど、エルベテークという確たる羅針盤があるから、私たちは頑張っていけます」

「荒海の中の小舟」という比喩がけっしておおげさではないことを私たちは知っています。そして、その時の文章をこう結んでいます。

「『お父さん、お母さんも頑張るから、あんたも頑張りなさい』と息子に言いながら、親子で歩んでいきます」

この文章を読むたびに、「頑張る」という言葉に心を打たれます。

「適切な教育が必要になる」という指摘

このように見てくると、坂本さん夫婦の子育ての歩みは、さまざまな「教える難しさ」を乗り越える歩みだったと言えます。言い換えれば、わが子に対する「教える難しさ」と向き合い、それを改善しようと夫婦ともども努力し、また坂本君も自身の「学ぶ難しさ」といったハンディを乗り越えようと頑張った成長の記録ではないでしょうか。発達上の遅れ・課題を「個性」「特性」「感性」などととらえて対応を誤ってしまうケースとあまりに対照的だと言えます。

坂本さんは彼が小学五年生の時点でこうも指摘しています。医師ならではの指摘ですし、また指摘の中に第1章の冒頭で紹介した高校教師・宮原さんの言葉と相通じるものが読み取れます。本章の最後に紹介したいと思います。

「診断される時期はさまざまですが、日本では成人まで含めて約一〇〇万人以上もの人々が発達障害を抱えていると推測されています。治療法に関しては『根本的な治療はない』です。細かく分類がなされても、個々に対応した治療法が確立されているわけではありません。これだけ医学が発達してもなおまだこのような状態であることに、発達障害という疾患の難しさが現れています。

大切になってくるのは『適切な対応』ですが、それはなんでしょうか？　子どもはいずれ親の手を離れ、就労を含み自立の道を歩んでいきます。そのためにコミュニケーション能力を身につけ、教育を受けて育ちます。それはハンディをもつ子であっても健常な子であっても同様です。ハンディをもつ子は自然に身につくことが自然には身につきません。だからこそ、適切な教育が必要になるとエルベテークは説いています。そのような考えに基づくものが、真の『特別支援』なのではないでしょうか。全国の学校に、広い知見をもち、柔軟に対応できる指導者が少ないのが残念です」

就労や自立を視野に入れた坂本さんの指摘は、自らの体験がベースにあるだけに、冷静で奥深いものになっていると思います。また医師の立場から、発達上の遅れ・課題を取り扱う際の難しさと特別支援教育にみられる「無意識の前提」に言及しているのではないでしょうか。そのうえで、本当の意味での「適切な対応」となるべき特別支援教育のあり方を渇望しているように思われます。

「(私が知っている) 患者さんには発達障害や知的障害と診断されて、学校生活や社会生活でトラブルを抱えている方もいます。そして、これまで適切な指導が受けられず、もしくは成果が得られない中途半端な状態で生活を営むがゆえに、本人はもちろん周囲も困っていることがわかります。もし適切な指導を受けられていたら、環境や感情はいまとは大きく異なったものになっていたのではないかと考えさせられます。

そのような意味から、私はエルベテークにおおいに期待しています。エルベテークには確かな実績もあります。エルベテークで教育を受けた子どもたちは、社会において立派に自立の道を歩んでくれることでしょう。そうした子どもたちの姿が既存の特別支援教育の見直しにつながるのではないかと感じています」

坂本さん夫婦のこの強い思いに応えられるように、私たちはより効果的な指導をめざし、これからも努力していきたいと思います。

第3章　家庭学習を効果的に進めるには

特別なやり方ではなく、当たり前のことを

第3章では、これまでの指導経験という根拠に基づき、具体的な方法を示したいと思います。どのようにすれば「教える難しさ」を乗り越えられるのか、そして、なにをどのように教えていけばいいのか、家庭学習の効果的な進め方について、学習の目的と手順、留意すべきポイントをわかりやすく説明します。

ここで、私たちの教室の学習について簡単に紹介します。まず、入会を希望される方には指導相談会に親子一緒に来てもらいます。三〇分ほど指導したあと、子どもにはどのような指導

が必要なのかを両親に伝え、質問に答えます。学習を始めると、基本的に週一回八〇分一対一の課題に応じた個別指導になります。夏休みや冬休み、春休みには学習会を開き、グループ学習を行っています。

私たちの教室では発達上の課題のない子どもたちも学んでいますが、その事実を踏まえて強調できることは、「発達上の遅れを抱える子どももそうでない子どもも、身につけさせたい力は同じである。そして、その接し方・教え方、指導の仕方も原則は同じである」という視点なのです。なにも特別なやり方ではなく、当たり前のことを噛み砕いて根気よく教えていくことが大切です。

もちろん、家庭ですべてを担うことはできないでしょう。また、より効果を上げるには指導の専門家の存在が不可欠でしょう。しかし、親が工夫・努力すれば、家庭でも子どもが覚えたり身につけたりできることはたくさんあります。

まず最優先で、子どもに受け入れる姿勢・応じる姿勢を育てます。すると、私たち大人が子どもに関わりやすく教えやすくなるのです。そして、家庭でいろいろなことがわかりできるようになると、やがて学校や幼稚園・保育園でもできるようになる可能性が高まります。その結果、子どもは大人の指示がわかり行動できることが増えて自信をもつようになり、親のほうも子どもの成長に手応えを感じ、見通しが立つようになり、子育てがぐっと楽になるはずです。

子どもの現状に合わせ、家庭でできるところから始めてみませんか。

まず、しっかり見る、聞く練習から

「教える難しさ」を乗り越えるための効果的な指導の流れ・手順をまとめておきたいと思います。これは教室の指導方針と目標を示した一二項目の一部です。

①しっかり見る、聞く姿勢

まず、しっかり見る、聞く姿勢を育てることが最優先です。注意深く見たり、聞いたりすることにより、細かな違いにも気がつき、さまざまな物事を認識し、話の内容を理解できるようになります。そして、関心のない物事に対しても注意を向けることができる姿勢づくりが大切です。これが「受け入れる、応じる姿勢」を養うことになります。

②指示を理解し、行動に移す

次に、言葉での指示を理解し、行動でき、指示されたことをやりとげるように導きます。

③感情や行動のコントロール

指示に応じられるようになると、「しなくてはならないこと」「してはいけないこと」というルールを覚え、自分本位の感情や行動をコントロールすることができるようになります。
これらを、言葉をはじめとした学習を通して教え、学ばせていきます。
どのような学習や練習を行うにせよ、この流れ・手順を念頭に置いておくことが大切です。

あいさつと返事

それでは、具体的な接し方・教え方として、取り組みやすいあいさつと返事から教えていきましょう。よく見受けられるのが、視線を合わせていない、「うーん」「あー」と気のない返事だけ、お辞儀をしないなど。このように、きちんとあいさつできない子どもが少なくありません。大人が子どもに注意して、どこを修正したらいいのかしっかり丁寧に教えることもなく、そのままになっているケースも多いようです。

子どもが自発的に、タイミングをわきまえ、あいさつの言葉、お辞儀の仕方など一連の流れを思い出しながら、きちんと相手の目を見てあいさつや返事ができるように導く練習は、学習の基盤づくりの第一歩です。練習すれば、だれでもできるようになります。

それでは、あいさつの練習の時に気をつけるポイントと手順を紹介します。親子で、お互い恥ずかしがらずに次のように練習してみてください。

①きちんと向き合い、子どもがこちらの目を見ているか、確かめてください。見ていない時は「目を見なさい」と言って、必ず視線を合わせるようにします。

まず、子どものほうからあいさつをさせます。どのように言えばいいのかわからない場合は、あいさつの言葉を教えて追唱させます。また、体が動かないように「動きません」と声をかけることも必要です。

「おはようございます」「行ってまいります」「いただきます」などときちんと言わせましょう。発音できない時は一音ずつ追唱を促し、または発音できそうな音はタイミングに合わせ必ず言わせるように援助しましょう。

②あいさつの言葉を言い終わるまで視線を合わせ、その後にゆっくりお辞儀をさせます。言葉を言いながらのお辞儀はさせません。視線を下に向け、ゆっくり頭を下げさせましょう。しっかり立てない時や体が動く時には注意して、必要なら体を支えてあげましょう。

③相手のあいさつを受けさせます。この時、相手のお辞儀につられて頭を下げてしまうので注意しましょう。待つ間に視線がそれやすいので気をつけます。そして、お互い視線を合わせて笑顔になれたら気持ちがいいですね。

幼児っぽいあいさつではなく、大人になってもそのままで通用する仕方を身につけさせます。

後からのやり直しや修正には、また多くの時間と労力を要します。初めからきちんとしたあいさつを教えましょう。そして、「家でできていないことが外でできるわけがない」という教えも頭に入れておきましょう。

「はい」には大きな力が

次は返事です。「いまは○○します」「それはしません」と指示した時、ぐずぐずしている子どもであっても「はい」と言わせると、子ども自身が受け入れようという姿勢になります。「はい、と返事をします」と最初に事細かく導かなければならないケースもありますが、次第に子どもはわかって返事をしてくれるようになります。

受け入れる姿勢は、「はい」という返事から始まると言ってもいいでしょう。笑顔で「はい」と返事をする習慣をつけておくと、素直な前向きな思いが育つのではないでしょうか。「はい」という返事には大きな力があるのです。

「しっかり見る・聞く」という基盤となる力を身につける練習と周りの人と気持ちよく関われるようになる練習が、この「あいさつと返事」にはあります。

「あいさつと返事」は自分本位の行動や感情をコントロールするための練習にもなっている

のです。子どもたちの中には、自分の意に沿わないことには、泣いたり怒ったり、奇声をあげたりして、指示を受け入れることができない子がたくさんいます。そのような課題を抱えた子どもたちが、この練習を通して周りの指示や注意を受け入れる姿勢を身につけ、親や大人の言葉を聞いてどうすればいいのかがわかり、少しずつ行動できるようになっていくのです。

日常生活において頻繁に出てくる「あいさつと返事」です。一日の中で練習する機会はたくさんありますので、根気強く練習しましょう。継続は力なりです。

大事なポイントは、子どもがあいさつや返事を通して親や大人の指示を受け入れ応じられるようになると、周りの人も関わりやすく教えやすくなり、さまざまなことを学べるようになるということです。

学習の意義と目的

子ども（ハンディのあるなしに関係なくすべての子ども）にとって重要で基本的な学習のスタートである「読み・書き・計算」の意義を一緒に考えてみましょう。

ここで一つ質問します。みなさんは次のどちらの意見に賛同されますか？

A　まずは身辺自立が優先で、読み・書き・計算などの学習は役に立たない、あまり必要でない。

B　教わる姿勢を身につけたり、さまざまな力を伸ばす道具として読み・書き・計算を使うと効果的である。

言葉が理解できない、話せない、落ち着きがない、覚えられないなどの課題のある子どもたちに対して、読み・書き・計算の学習を教えるのはとても難しいので、まずは生活面を優先させようと考え、往々にしてAの見方に偏りがちです。

それでいいでしょうか。

身辺自立など生活力のレベルを上げるには応じる力と練習量でカバーできるかもしれません。しかし、大事なことは効率的・効果的なのかどうか、また、ステップアップできるのかという点です。私たち人間にとって唯一公平なものは、一日は二四時間ということです。限りある時間の中で大きな成長をめざそうとするなら、やはり効率的な方法をとるべきです。

たとえば、「服のボタンをかける」という動作について考えてみましょう。私たちの教室に来たばかりの子どもたちの多くは、この動作を教えようとすると、ボタンや教えようとする先生の手をよく見ていません。しかし、「ボタンをかけて」という言葉を知り、ボタンと自分の左右の手先に目を向けて、教えてもらう、その手順を見続けることができれば、一人でできるようになるまでの時間はずいぶん短縮できます。

読み・書き・計算の学習は、そのような「よく見る、よく聞く、応じてやってみる」の練習だけでなく、理解する力、覚える力、考える力にも結びついていくのです。見てわかる、聞いてわかる、読んでわかる、だから応じられる、次にどうすべきかわかる……となるのです。

読み・書き・計算は本当に大きな力です。「この子たちには役に立たない」ではなく、「この力なくして自立はありえない」と考えるべきではないでしょうか。この世の中は、言葉と文字と数字でできあがっているのですから。

「できない」で済ますのではなく「できるように根気よく教えていこう」という私たち大人の強い思いが子どもたちを導いていくはずです。

このように、学習を通して、大人の目を見て指示を聞く、指示された作業をやりとげる、目を見てきちんと報告する、大人の判断と次の指示を仰ぐ、最後に「できた」「わかった」とお互いホッと笑顔になる――というコミュニケーションの基本を繰り返し練習していきましょう。

他者から教わり学んでいく基盤づくりになります。

書く練習

ここですべての学習に共通する「書く」練習に触れます。筆記用具には鉛筆が基本だと考えます。細かいことと思われるでしょうが、固い芯（ＨＢまたはＢ）の鉛筆を選びましょう。カリカリと筆圧をかけて書くことができますし、文字の細部まで表現することができます。柔らかく滑りやすい鉛筆やクレヨン、マーカーでは細かな作業はなかなかできません。幼くても、初めから鉛筆を使うと効果的です。鉛筆で書けるとクレヨン、マーカーも自在に使えるようになります。

鉛筆を正しく持ち、左手を紙の上に添え、きちんとした姿勢で、一本の線をしっかり丁寧に書く練習から始めます。始点と終点をしっかりとらえ、見続けながら、はみ出さずにゆっくり丁寧に書きます。注意を受け入れ、指示通りにやりとげなければなりません。なにが正しく、なにがいけないのか、一本の線から子どもたちは筆記に関するいくつものルールを学ぶのです。

文字を書く初期指導においては、手本をよく見て、筆順、字形といった約束事を確認させながら、丁寧に文字や数字を書こうという意識と姿勢を少しずつ育てていきます。

文字や数の学習は、物を見比べる力、覚える力を育て、読む力・書く力を伸ばし、どんどん

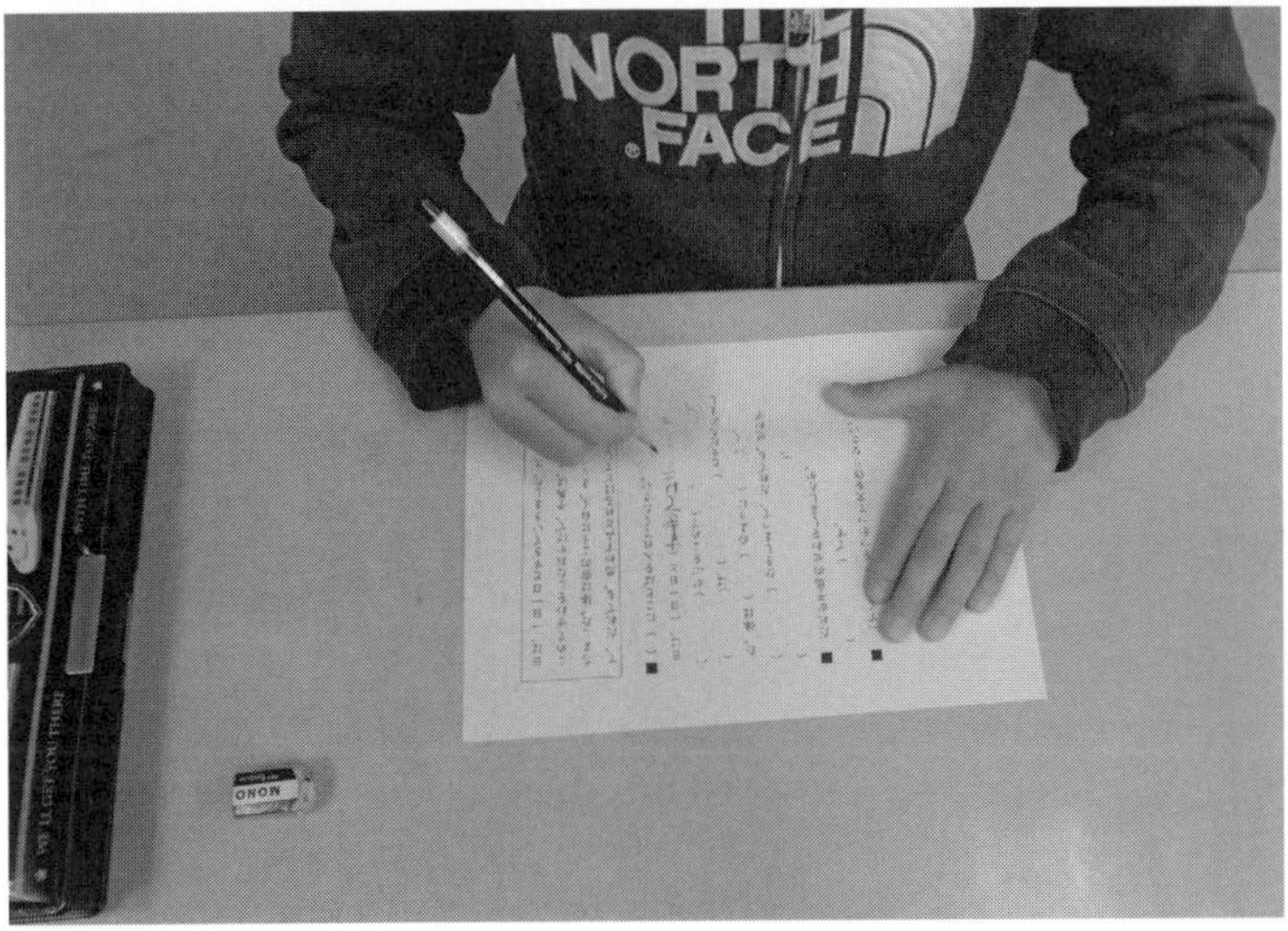

鉛筆の持ち方、左手の添え、姿勢を整える

ステップアップできる、とても効果的な使い勝手のいい道具であると同時に、生活習慣も学びやすくなります。

文章を読む

子どもが単音を読めるようになると、二音、三音の単語読み、そして一文読解（短文読解）へと進みます。文章は普段の生活でよく使うわかりやすいものを利用します。そして、読解力を高めるには「いつ、どこで、だれが、どうした、どう思った」の把握がとても大切です。

そこで、文章の助詞を手がかりに、まず「どこで」を探すようにしていきます。次に「だれは」「だれが」の主語を探す練習をします。いずれも助詞に目を向けさせると、わかりやすいようです。「どこで？」とこちらから聞くと、子どもは自分で「で」を探して「公園で」「駅で」などと言えるようになります。次に、子どもに文章を読ませ、「どこで」の「で」に○印をつけさせ、「で」を意識して文章を読み、答える練習をさせます。

「いつ」「どこで」「だれが」「どうした」それぞれの言葉が書かれたカードをランダムに並べておき、それを正しく並べ直し文章にする練習も効果的です。「いつ、どこで、だれが、どうした」この順序を覚えて答えられるようになったら、同じ疑問形で聞くのではなく、順番を変えて聞いたり設問を少しずつ長くしたり工夫します。「だれがいつしましたか？」「どこでいつしたのですか？」「なにをいつしましたか？」といった具合です。どんな質問をしても正しい答えが導けるようにもっていくのです。

「どうした」は文章の最後の言葉を選んでくればいいとわかり、「どこで」「だれが」「だれは」と同じようにそれほど難しくはないようです。

この読み取りの練習で難しいのは「いつ」です。形のあるものではないからです。また、「あさ」「よる」「ゆうがた」「げつようび」「かようび」「きのう」「きょう」「あした」など、いろいろな言い方があるために、それらを覚え、使いこなすのはなかなか難しいのです。そこで、早い段階から日曜日〜土曜日や一月〜一二月、「あした、きのう」などの言葉を聞かせたり言わせたりする練習を行うといいでしょう。

文づくり

言葉の文づくりには絵カードを使うのも一つの方法です。たとえば、電話の絵カードを見せて、「電話をかける」といった文章を子どもに考えさせ言わせる練習です。歯ブラシのカードを見せて「歯を磨く」でもいいでしょうし、りんごのカードを見せて「りんごを食べました」「お母さんがりんごを切りました」でもいいでしょう。

それでは、文づくりに挑戦してみましょう。「いつ、どこで、だれが、どうした」、これに沿って今日あったことを質問して答えさせ、一文に整え暗唱させます。そして、その文を一人で書けるように練習します。それがなんとかできるようになったら、「おもしろかった」「かなしかった」「さむかった」「あつかった」などの気持ちを表す言葉を一つ入れて、人に伝える短文をつくります。そして、その短文を利用して家族の前で発表したり質問に答えたりする練習をしていくといいでしょう。

言葉を定着させるには、使う機会を増やすことが大切です。教室では、次のようなアドバイスを送ることがよくあります。たとえば、教科書に「工夫」という言葉が出てきたら、その言葉を家庭でも使うようにしてください、と親に促しているのです。つまり、普段の会話の中で

「工夫してごらん」「ここが工夫したところだね」というふうに意識的に子どもに伝えるわけです。こうして、言葉を介して親子で楽しめるようにもなります。言葉をめぐるやりとりはコミュニケーションの本質に関わることですから、波及効果も大きく非常に有意義だと言えます。

作　文

子どもの作文と言えば、数十年前の日本で「綴り方運動」という作文を通した生活指導が注目されました。いまでも参考になるのではないかと思います。

大人の援助のもと、日常生活のディテールや背景などを子どもたちそれぞれの視点で観察させ、思い出させ、そこから自分なりに考えたことを文章にまとめさせる、という指導でした。

当時の教育者からは「大人が子どもに関わりすぎる」などの批判が出たようですが、子どもに自分のことだけではなく、周りに目を向けさせ、家族や友だちや親の仕事などについて考えさせる、そしてそれを作文として書くように促す指導は、教育の本質的なものを含んでいるように思われます。初めから子どもが自由気ままに書く作文では、さまざまな視点から考え感じるという指導の目的は見失われていくような気がします。

この「綴り方」指導のいいところを見習い、私たちはまず子どもとの間で最近の出来事や友だち・家族の様子などについて話題を出し合い、話し合い、疑問を出し合い、そうしながら次第に要点を絞り、それを文章にまとめるといった練習を行っています。それは、コントロールする力が不足している自分を振り返ったり、よりいっそう周りに関心を向けていく姿勢づくりにも役立っていると思われます。

作文指導の一例

ここで、私たちの教室で行った作文指導の一例を紹介しましょう（87頁参照）。

「兄ちゃんの事」という、小学四年生の男の子が書いた作文です。彼にはお兄ちゃんがいます。私たちも知っているお兄ちゃんです。ある日の学習の時、それを文づくりの題材にすることにしました。

まず、お兄ちゃんについてどう思うかを尋ねます。

「優しいお兄ちゃんですね」

この言葉をきっかけに彼はいろいろなことを話しますが、そのうちに自分に意地悪をする、あるいは母親とよく衝突するといったことを口にします。

「お兄ちゃんはお母さんにいつもどんなことを言われているんですか?」

「『早くしなさい』と言われている」

その時、お母さんはどんな顔をしていたとか、お兄ちゃんはどんな顔をして聞いているのかなどを聞きます。二人の表情から、どんな気持ちだったのかを推測させるのです。そんなやりとりをしたあと、文づくりを意識してこう言います。

「書き始めはどうしますか?」

お兄ちゃんがよく母親に口答えしているのが、彼は気になっている様子です。

「では、そこから書きましょう」

そう伝えて、それまでの言葉のやりとりを原稿用紙に一人で書かせます。

この文づくりで一つ特徴的なことは、パターンにはまらない書き方に導くことです。子どもに作文を書かせると、「うれしかった」「よかった」「たのしかった」の言葉で終わりがちです。ですから、それらの言葉は使いませんと約束してから、作文の練習を始めます。

たし算と引き算

次は、たし算をはじめとした計算の練習です。たし算は「覚える力」を伸ばす手段と考えればいいと思います。計算は、それ自体に意味があるようには思われない式を覚え、しっかり頭

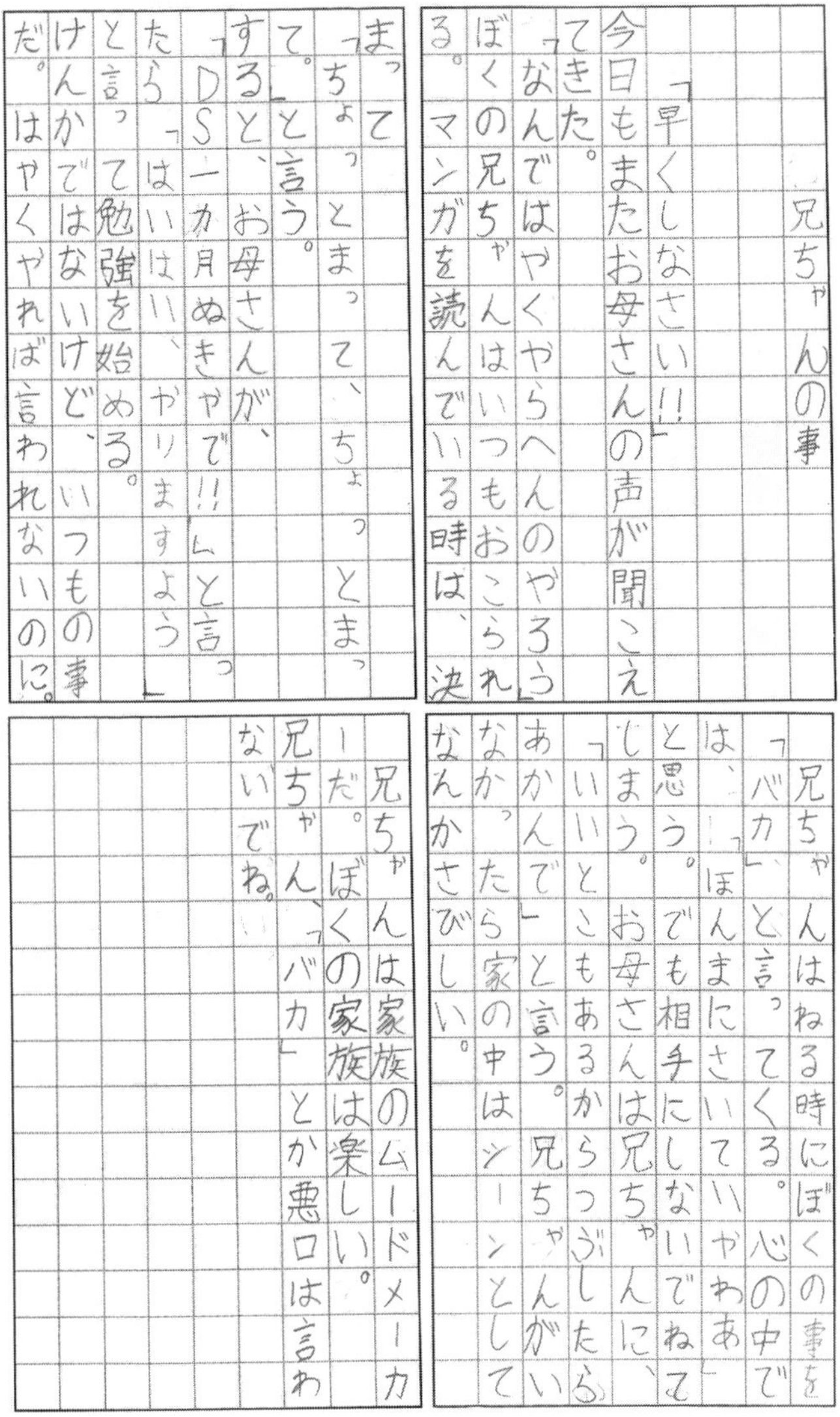

兄ちゃんの事

「早くしなさい!!」

今日もまたお母さんの声が聞こえてきた。

「なんではやくやらへんのやろう」

ぼくの兄ちゃんはいつもおこられる。マンガを読んでいる時は、決まって「ちょっとまって、ちょっとまって」と言う。するとお母さんが、

「DS一カ月ぬきやで!!」と言ったら「はいはいはい、やりますよう」と言って勉強を始める。けんかではないけど、いつもの事だ。はやくやれば言われないのに。


兄ちゃんはねる時にぼくの事を「バカ」と言ってくる。心の中では、「ほんまにさいていやわあ」と思う。でも相手にしないでねてしまう。お母さんは兄ちゃんに、「いいところもあるからつぶしたらあかんで」と言う。兄ちゃんがいなかったら家の中はシーンとしてなんかさびしい。

兄ちゃんは家族のムードメーカーだ。ぼくの家族は楽しい。

兄ちゃん、「バカ」とか悪口は言わないでね。

作文指導の一例

の中に入れておく作業です。数の概念を知ってから計算へ、という指導法もありますが、覚えることが苦手な子どもには、まず基本的な加減算を繰り返し練習し、九九を暗唱するような形で覚えさせていくほうが効果的だと思います。そして覚えたところから碁石などを使い数の概念に戻って整理してみるのが合理的であり効果的です。

計算の反復練習は記憶力や思考力の向上につながります。繰り上がりのないたし算や繰り下がりのない引き算から始めます。次に、繰り上がりのあるたし算や繰り下がりのある引き算へ進めます。この段階では10になる数の組み合わせ（例えば、3と7で10など）を使えるようにしておき、計算の手順を少なくする方法をとります。さらに筆記だけでなく、式を読む、書いて答えるというふうに五感をフル活用して練習するといいです。一定の記憶力がついたと思えたなら、スピーディに読む・書くようレベルアップしていきましょう。

忘れられがちなのですが、実は音読や聞き取り算は大事な意味をもちます。たとえば、「2＋3は5」「3＋4は7」と読んで答えていく際に、まだ不明瞭な発音があればその音を修正することができます。また、聞き取りの力が弱く、式を見なければ答えられない子どもにとって、質問に素早く正しく答えていく練習は聞き取りの力を伸ばすにはとても効果的で、コミュニケーションの力を向上させるためには不可欠です。また、正しい答えをすばやく思い出す力は、自身の不適切な言動に自ら気づき、改められるという力に結びつくようです。

計算を覚えることとその意味・概念を理解することは車の両輪のようなものです。覚えることとは徹底して覚える、概念は碁石などを利用して言葉で説明する練習を加えていくと効果的です。このように、理解する力、覚える力の不足している子どもには、加減算を覚えてから概念的な事柄に進めるほうが理解しやすくなります。

生活習慣の自立

ここまでは、主に言葉や文字・数という学習面について述べてきましたが、もう少し広い意味での学習と言える生活習慣の自立に触れたいと思います。

私たちの教室では、入室してから学習を始めるまでにはそれなりの準備が必要であると子どもに教え、生活習慣の改善・自立にも取り組ませています。

たとえば、子どもが上着を脱いできちんとたたむ練習を最初にさせます。トイレの使い方にしても、便座の蓋の閉め方やトイレットペーパーの使い方、手洗いの仕方など、すべて見直して練習させています。

家庭では生活習慣を行動の順序とともに教えていったらどうでしょうか。トイレの場合、自分でハンカチを出してトイレに行き、トイレのドアを開けて自分で始末して、便座の蓋を閉め、

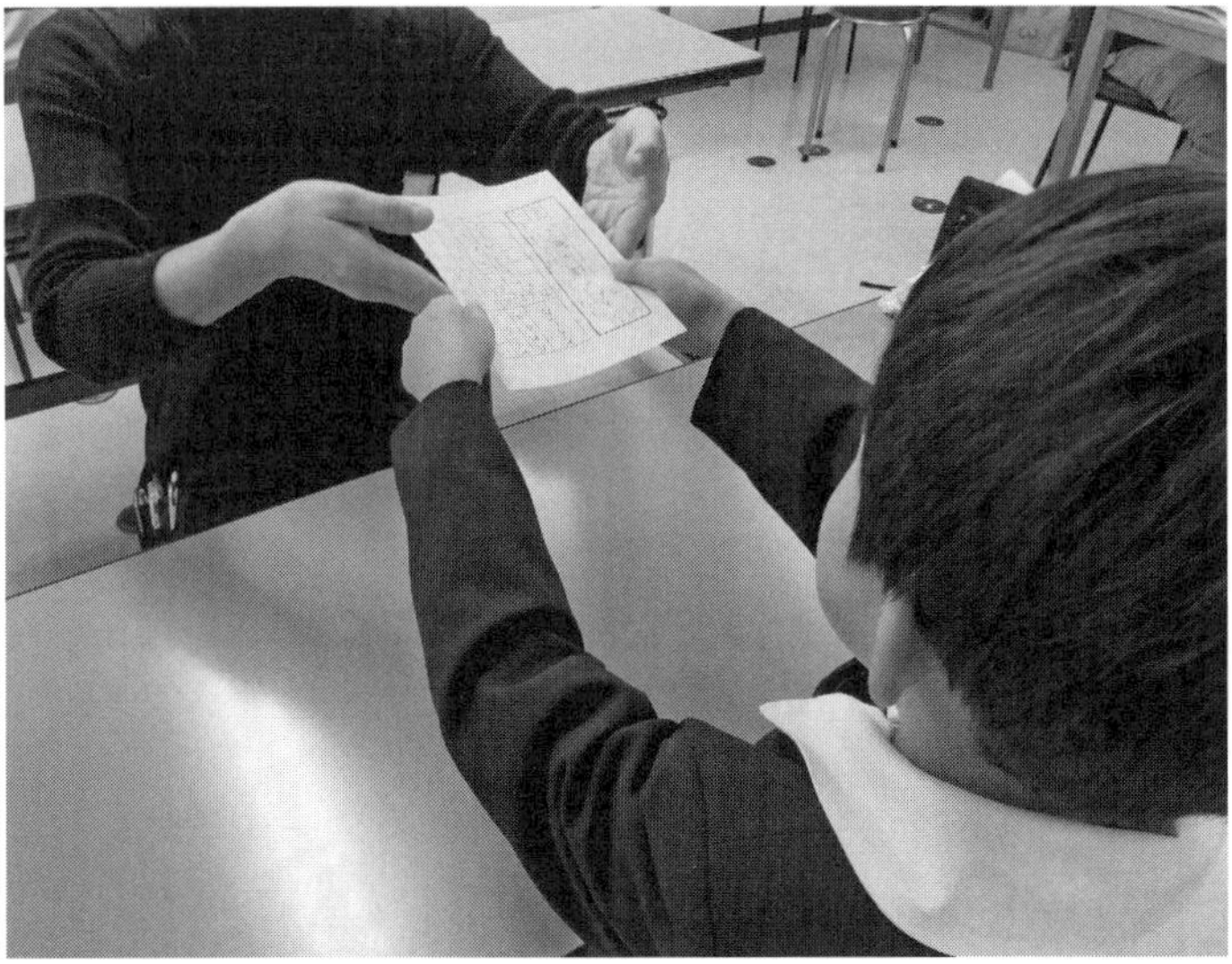
プリントの向きを変えて、目を見て先生に「どうぞ」と渡す

ドアを静かに閉め、最後に手を洗い、ハンカチでふき、ハンカチをしまうという一連の行動を教えるということです。子どもが次の行動を思い出し自発的に動けるまで、一つひとつの行動を見届けながら教えていきます。発達に遅れのある子の場合、周りの様子からなんとなく推測してまねをする、ということが苦手なケースも多いため、より有効な練習となるでしょう。

私たちの教室では、このような準備をしてから学習が始まります。そして、先生の目を見て「こんにちは。よろしくお願いします」と、もう一度あいさつをし、先生も「よろしくお願いします」と返します。それを受けてから子どもは用意したプリント（宿題など）の向きを変えて両手で「どうぞ」と目を見ながら渡します。

このように、あいさつをはじめとした生活習慣の自立に向けた練習も合わせて行います。周りから一つひとつ言われるのではなく、「次はなにをするか」を自分で考え思い出しながら自立して動けるように育てることをめざします。

発音と発語

発達上の遅れや課題を抱える子どもたちに共通しているのは、言葉の遅れです。言葉を理解し、言葉で思いを伝えられることは日常生活を送っていくうえでとても重要です。言葉の練習は、単に言えるかどうかだけでなく、模倣したり、物事を覚えたり思い出したり、コミュニケーションをとる練習にもつながります。言葉が理解できないと、教えようとしても意味がわからず、「教える難しさ」を乗り越えられません。言葉は遅れや課題を改善するための最重要項目です。

言葉が出ない子どもたちの多くは鼻、口から浅い呼吸をしています。口をふさぐと鼻だけの呼吸がうまくできなかったり、鼻をつまむと口で息ができなかったりします。無意識には息を出しているのですが、意識して強く息を出すことができません。口が開いたままになっていることが多く、よだれを垂らしたり無意味な声を出し続ける原因にもなっています。家庭でできる発音・発語の練習法について述べます。

①まず、口の周辺の筋肉や舌の働きを高めるために、口を開けたり、すぼめたり、閉じたりを繰り返しましょう。「あ」「う」「お」「ん」の発音から始めるといいでしょう。口をしっかり閉じて静かに待っている姿勢も合わせて求めましょう。

また、舌を上あごの前歯の裏にくっつけたり、口の中で上下に動かしたり、口の外に舌を出したりといった舌の使い方がわかってくると、か行、さ行、ら行など、発音できる音が増えます。いま出ている音があればより明瞭な発音にしながら、さらに出そうな音を探していくことが大事です。

②口をしっかり閉じ、口の中に空気をため、パッと吐き出す練習をします。日曜日の「び」、バナナの「ば」など単語に結びつけて練習するのが効果的です。濁音、半濁音の練習は母音より先に始めるケースが多いです。

③声を長く伸ばしたり、短く切ったりさせましょう。そして、大きな声、小さな声、高い声、低い声を理解させながら、適切な声量、トーン、スピードのある話し方を教えましょう。

④「意味のある単音」を教え、そこから言葉を増やしましょう。単音であっても、言葉の一

部としての音であることを意識させましょう。青のカードに視線を向け指差しした際に、「あお」の「あ」の単音をタイミングよく発音させます。

単音が出るようになったら、二音の口の形にすばやく変える練習をさせ、早くスムーズに発音できるように導きます。「あ」と「お」を連続させる練習を続けながら、「あお」と言えるようにします。出ている音を組み合わせて、返事やあいさつ、色や食べ物などの意味のある音を増やしていきます。

⑤言葉の理解につなげていきます。「あか」や「いち」と発音できても、その意味がよくわかっていない子どももがいます。この練習では、単に発音の練習だけではあまり効果がみられません。やはり、カードやコマなどのさまざまな教具を使って、並べたり選択させたり、読んだり書いたりさせながら、理解を求めていきましょう。

子どもの視線が指で差した場所と一致し、指を差した時に言葉にするというタイミングを教えていきます。「指差ししたところに視線を向ける」ことがポイントになります。

言葉に始まり、言葉に終わる

もちろん、いろいろな考え方・教え方があって当然ですが、精神面の成長も含めた効果的な指導をめざすには、約束事を覚え守る練習は大切であるばかりか、これこそが学習の本質なのだと思います。狭い意味での教科学習よりもむしろ、スポーツ競技の指導に流れる接し方・教え方と相通じるものがあるかもしれません。スポーツ競技ではよく「礼に始まり、礼に終わる」と言いますが、私たちが伝えたいことは「約束事に始まり、約束事に終わる」です。

そして、簡潔で、はっきりとした、そして落ち着いた声で適切な指示を出したり質問すると、子どもに伝わりやすくなります。一方、カードや絵、身ぶり手ぶりに頼ってしまうと、言葉がおろそかになることは明らかです。学習では、「言葉で始まり、言葉で終わる」という意識が大切だと思います。

家庭ではなかなか難しいと思われるかもしれません。たしかに、親と子の間には感情や甘えが入ってしまいがちですので、いまは学習の時間とお互い気持ちを切り替えて、教える立場と教えられる立場をはっきりさせてあげましょう。友だちのようなやりとりでは、子どもが気持ちを切り替えて学ぶ姿勢をとるのは難しいでしょう。

そして、この学習の時だけは、丁寧な「です・ます」という語尾で指示を出し、答え方ものように仕向けます。間違っても、「勉強が終わったら、お菓子を食べよう」などといった交換条件を出すなど、ご褒美で促すような対応をしないことです。

このように、学習・練習の目的はなにか、どのレベルが到達目標なのか、それが生活の中のどこに結びつくのか、次のステップは……と、練習の目的と到達目標を親子で共有して取り組みましょう。そして、一緒に達成感を味わってみてください。「できなかった」ではなく、「今日はここまでできた」とお互い笑顔で練習を終えるように心がけましょう。

第4章　みんながめざす春野君親子の奮闘

教わる立場から教える立場へ

一昨年の夏から一人の青年が私たちの教室で教えるようになりました。

スタッフとしての研修・実習を経て、現在、発達上の遅れ・課題をもつ子どもたちの学習指導に携わっています。大学生である彼は、学業の合間を縫って講師を務めているのです。

彼のおおまかな成長の記録については以前、『誤解だらけの「発達障害」』という本の中で春野君として紹介しました。二歳半で「難聴（両耳感音性難聴）」がわかり、聾学校の幼稚部を経て、聴力の回復を受けて入園した幼稚園年中（五歳）の時には「自閉傾向・ＡＤＨＤ」と診断された、そんな男の子でした。

年中から小学六年生までの七年間、私たちの教室に一時間近くかけて都内の自宅から通い、学習を続けながら成長しました。今度は、言わば教わる立場から教える立場へと変わったことになります。

彼の指導は丁寧で熱心です。たとえば、昨年一二月、冬の学習会を控えたある日のこと。担当の授業がないにもかかわらず、学習会の国語授業の予行演習のために教室にやってきました。授業の流れや子どもたちに投げかける質問を事前に練り直すためです。先輩の先生たちが居並ぶ前で授業のロールプレイング。「このように直して」「そこはそれでいいと思う」などの助言に、「わかりました」と自分で作成したシナリオに訂正を書き込み、不明な点をしっかり相談し確認しているのです。その姿は実に堂々としていました。

私たちの春・夏・冬の学習会は、それまで一対一の個別学習を積み重ねてきた子どもたちがその力を集団の中で活かせるようにとの狙いで行う、小グループによる授業です。個別学習の担当を経て、その授業でも彼は教えるようになりました。

そんな彼だからこそ、次のように振り返ることができます。

「普段のかけ算、引き算とか、国語とか、中学校になれば英語などは、あくまで社会をとらえるレンズでしかないのでは、と思います。そして、そこから子どもになにを見させようとしているのかと言うと、いまの社会のあり様と言うとおおげさですけど、社会に適応できる人物像を、学習を通して教えているのではという気がします」

ハンディのために学力が遅れがちな子どもにとって教科学習の意味は大きい、それは言うまでもないこと。ただ、それらの教科学習の背後にはもっと大切な学習がある、それは自分自身の幼さから脱し、自分の言動をコントロールすること。さらに言えば、社会という共同体の中で自立し、周りから評価され、周りと協力し、持ち前の力を発揮できる人間へと成長する、そのための基盤を築き上げていくことではないか。それを子どもは日々の学習を通して学ぶのではないか……。彼の言葉はこういう意味だとわかりました。

教わる立場と教える立場の両方を経たからこそ、彼がつかんだ事実ではないでしょうか。

自分が受けた教育を他の子どもたちにも

こちらから講師依頼の連絡をとった時の彼の言葉が印象的でした。高校を卒業し、大学に入学した彼は、「将来、どんな職業に就きたいか」と真剣に自問自答したというのです。その時、彼の頭には「学校の教師」という思いがありました。そして、「教員免許をめざしながら、教育に役立つようなアルバイトがあればいい」とぼんやり考えたのでした。

そして、かつて七年間学んだ教室の存在を意識しました。もしかしたら、「アルバイトの講師をしてみないか」という電話がかかってくるかもしれない……。しかし、そうはなりませんでした。彼は「期待されていないのかな」とすっきりしない気持ちを抱えながら、進学塾の講師をアルバイト先に選ぶことにしました。

私は彼が二年生になった時、母親に電話をかけました。彼にとっては期待の電話がかかってきたことになります。母親から依頼の内容を聞くと、彼はすぐに引き受けることを決めました。彼は「なるほど、やっとか」と感じたそうです。そしていまは、空白の一年間について「最初の一年間はまず勉学にしっかり励むようにと、時間を設けてもらったのかな」ととらえているとのことです。そんな話を聞かせてくれました。

その後、彼が講師の仕事を始めるようになってしばらく経った頃、私たちの教室で教えたいと思うようになった動機について改めて質問したことがあります。彼の説明によると、次のような気持ちが働いたからだそうです。

「『自分はいい教育を受けた』ととらえているので、それを他の子どもたちにも行うことができたら、いろんな恩返しにもなるし、自分の人生の誇りにもなるのではと思っています」

本当に頼もしい青年に育ちました。いま、教室で指導していると、自分が指導を受けたやり方・言い方とまったく同じになってしまう、そんなことも言っていました。

以前の紹介では、彼の成長の記録は高校一年生までにとどまっていました。それ以降の彼の出来事や気持ちの変化、そして親の働きかけや振り返りを加えながら、彼の成長の意味をもう少し詳しく追いかけたいと思います。

春野君に確かめました。

「大人になった君には迷惑な話が出てくるかもしれないけれど、それでもいいですか?」

「子どもの頃の話ですから、いいですよ。まったく構いません。それは事実だったのですから」

彼は明るく笑顔で了承してくれました。いまなぜエルベテークで子どもたちの指導にあたっているのか、時間を遡れば、その答えがはっきりすると思います。110頁で示す表1「子どもたちの成長のステップ」を参考にしてもらうと、よりわかりやすいのではないでしょうか。

幼児期の紛れもない事実

「まったく構いません」という春野君の好意に甘えて、母親が振り返る彼の幼児期の様子をここでいくつか紹介したいと思います。

当初は二歳上の姉と比べて子育てが楽な子どもに見えました。姉は抱っこをせがんでばかりで大変だったのに、彼はバギーでおとなしくしていたのですから。母親は、「一人遊びが好きみたい。楽でいい。手のかからない子だわ」と思っていたのです。

しかし、ある時を境に視線が合わせられないようになっていたのでした。いろいろな景色には敏感で、周りの動きが気になって笑ったりするのに、視線は合わないのです。

二歳半までに出ていた言葉は親が口にする「どうぞ」をまねた不明瞭な「どーじょー」だけ。そして、「これは負けるな」とか「絶対怒ったぞ」という時には、言葉の代わりにガブッと噛みつくことも頻繁にありました。

視線や言葉の問題だけでなく、次第に衝動的な動きに手がつけられなくなることが新たな問題として浮上しました。自分の嫌なことを求められる場面になるとかんしゃくを起こしました。大声を出して騒ぎました。病院ではいつも、医師や看護師が大勢集まってどうにか診察や治療を済ませるのが当たり前になっていました。

ある歯医者では、彼が抵抗して動いてしまい治療ができないため、とうとう歯科医が拘束用のネットを購入して対処したとのことです。「拘束ネットを特別に先生が買ってくださって、ボンレスハムみたいに動けないようにして治療する方法をとっていました」と母親は振り返っていました。その時、彼が顔に内出血ができるくらいの「ギッ」という泣き方をする様子に、母親は「やはりなにかおかしい」と思ったそうです。

道路を歩く時は、ちょっとの段差でも怖がって、動けない状態になりました。階段の段差では両手をついたり四つんばいで上がろうとすることもしばしばありました。爪先立ちをする、ゆらゆらする、ジャンプするなど、自閉傾向のある子ども特有の様子は一通りみられ、偏食もありました。

このように、落ち着きがなく、一時も椅子に座っていられずに、集団行動はとれないし、気に入らないことは受け入れないといった状況が長引きました。年中になって入った幼稚園では、教室から脱走しては箱の中に隠れたり、床に寝そべったりしました。怒ると、唾をペッと吐いていたそうです。「天に向かって唾を吐くんですよ。自分の顔にかかっても唾を吐き続けていました」と母親が言うように、手に負えない状態が続きました。「手のかからない子」と思っていたのに、大問題がたくさん発生し、母親はどうしたらいいかと心配が募りました。

彼にも、幼児期に親を困らせたという記憶が強く残っているそうです。友だちと取り合いになったオモチャの自動車を友だちの顔めがけて投げたり、なぐってしまったり、大きな半球状の包みの中に長時間隠れてしまった、そんな出来事です。また、窪みを見ると入りたくなったり、たくさんの人がいる場所では緊張し、すぐに体が動いたり跳ねたりした記憶はいまでもあるそうです。

幼稚園では、口が閉じられないのでずっとよだれが垂れていたと言います。そのために周りからは「不潔」と言われ、相手にしてもらえなかったとのこと。しかし、当時の彼はなぜ不潔なのかわからず、「よだれは垂れているけれど、別に垂れていてもいいじゃないか」と思っていたと言います。

周囲が困り果てた光景だけを取り上げたかもしれませんが、これが彼の幼児期の紛れもない事実だったのです。

ダイナミックな変わりよう

彼の名誉のために、現在の彼が周りから受けている評価を伝えておきましょう。実は、担当している子どもたちは「わかりやすく教えてくれる」「春野先輩のように教室で教えられるようになりたい」などと春野君にあこがれているのです。また、多くの親からも厚い信頼を寄せられています。それというのも、保護者への説明やアドバイスの内容が的を射ていて、伝え上手だからです。とにかく、すべての報告・相談から返事においてテキパキ・キビキビと行動し、明るい態度で、周りにいる私たちの気持ちまで爽やかになるような言動をとります。

一昨年、冬の学習会時の懇談会において、彼は講師として初めて多くの保護者の前で自分の体験を話したのですが、彼の話が終わったあと、感無量といった表情を浮かべていた何人もの親から次のような声があがりました。

「いろんな当事者の方の話を聞いたり本を読んだりするけれど、春野君の話はそれとは全然違った」

「わが子をどういう子に育てたいかと言えば、春野君のように穏やかな性格になってほしい。春野君が目標だ」

春野君に対する多くの親の反応は当然だと思います。私たちの思いも「発達上の遅れについていろいろ知ったり考えたりすることは必要だけれども、それと同時に『親としてどのような子どもに育てたいか』という目標を掲げて日々取り組むことがなによりも大事」という点にあります。

この目標や視点が抜け落ち、「特性」「個性」「感性」などと子ども本位にとらえるために、世の中では発達上の遅れについて数多くの誤解・空論が生まれているのではないか、そう考えているほどです。

彼の体験談のあと、ある保護者からこんな率直な驚きのコメントもありました。

「『初めから力をもったお子さんだったに違いない』と思ったけれど、言葉が出ていなかったとは……」

幼児期の頃と比べ、なんというダイナミックな変わりようなのでしょうか。もし、幼児期、学齢期それぞれの時期の様子を比較すれば、まるで別人に見えるはずです。

発達上の遅れや課題があっても、教育・学習という適切な指導で大きく変わるという事実がここにあるのではないでしょうか。

「自分のしたいことが最優先」の状態から抜け出させる

それにしても、彼の幼児期の姿はいったいなんだったのでしょうか？　見識のある読者ならば、それが「個性」「特性」という言葉で済ませられるようなものではなかったことはわかると思います。要するに彼は、やりたいことはやる、やりたくないことはやらないという自分本位・自分中心の世界、「自分のしたいことが最優先」の世界にとどまっていたと見るのが妥当ではないでしょうか。

春野君自身、発達上の遅れで身動きできなかったかつての状態を次のように率直に語ってくれました。

「周りのことはまったく見ていなくて、自分勝手にしゃべり始めたり体が動いたりしていました。やりたくてやっているわけではなく、自分でもどうしていいのかわからなかったんです。『やめたい』と思っていました」

ただし、自分本位・自分中心の世界にとどまっているとしても、それを「わがままな行為」と結論づけるのは無理があるように思います。たとえ周りにはわがままな行為と見えたとしても、本人にとっては暗闇のような状態、あるいは動かそうにも動かない大きな岩のような状態と言ったほうがいいでしょう。いみじくも春野君が振り返ってくれたように、本人はやりたくてやっているわけではなく、やめたいとさえ思っているのに、やめる糸口がつかめず、困っている、苦しんでいるわけですから。

先ほどの冬の懇談会では、彼はより具体的で説得力のある話をしました。

「いまでも、回るものは気になり、手遊びのようなことをすることはあります。でも、自分なりにコントロールできるようになったと思います。昔はやめたくてもやめられなかった。その当時の、言葉が出ず、自分の思っていることを話せない状態や、好き勝手なことをやり、それをやめられない状態、それが自分にとって一番大変でした」

「好きでやっているわけではない」「良いのか悪いのかがわからない」といった戸惑いから、学習を通して「どうすべきか」「これはしていいことなのか、してはいけないことなのか」を教えてもらうにつれ、次第にいろいろなことがわかるようになった経過を理路整然と話してくれたのでした。

「自分のしたいことが最優先」の状態とは、周りに目を向けることもなく、「良い」とか「悪い」とかがわからない状態です。この時期は周りが彼の言動にずいぶん振り回されたに違いありません。

ただし、こんな状態がいつまでも許されるわけがありません。小学校入学が差し迫り、入学先として養護学校を予定していた年中（五歳の三月）の時です。「自分のしたいことが最優先」を改めるきっかけをつかみたいと必死になった母親が、学ぶべき場を見つけ出したのでした。

私たちの教室で週一回八〇分の学習を開始してから、少しずつですが変わり始めました。

応じられるようになる、学べるようになる

では、「自分のしたいことが最優先」の状態から抜け出させるためにはどうすればいいのでしょうか？　そのやり方と手順を考える場合、「子どもたちの成長のステップ」（表1）に即して特に重要な三つの段階に着目しておく必要があると思います。

①「応じられるようになる」まで
②「うすうす気づき始める」から「自発的にコントロールするようになる」まで
③「『もっと頑張ろう』という意欲が出てくる」へ

「自分のしたいことが最優先」の状態から抜け出させるためにどうすればいいのか、そのための学習や練習をどこから始めればいいのか、そのポイントを考える際、①の「応じられるよ

表1　子どもたちの成長のステップ

自分のしたいことが最優先。他者の制止・指示が
理解できない、応じられない

▼

大人の的確な指導によって学ぶようになると、
理解できることが増え、応じられるようになる

▼

子どもたちも自分にとって修正すべき課題があることに
うすうす気づき始める

▼

特に、「しなくてはならないこと」と「してはいけないこと」を
はっきり教えてもらうことにより、
「いま、なぜ、ほめられているのか」「いま、なぜ、叱られて
いるのか」が自分でわかるようになる

▼

自発的に自分の言動をコントロールするようになる

▼

いろいろなことに取り組むようになり、
やりとげる姿勢を見せることで、周りも温かい気持ちで
接し応援してくれるようになる

▼

自信がつき、「もっと頑張ろう」という意欲が出てくる

うになる」ことこそが教育・指導の出発点です。つまり、「教える難しさ」と「学ぶ難しさ」を親・大人と子どもが一緒に乗り越え克服しようという意思、それを共有することです。私たちが「学ぶ姿勢」「応じる姿勢」「教わる姿勢」などという言葉で強調する重要な基盤づくりの前提になると考えているからです。春野君への指導を始めるにあたっても、他の子どもと同様に、ここからのスタートでした。

彼の場合、程度の差こそあれ、29頁で示した五つの傾向・課題をすべて抱えていました。ですから、これらの傾向・課題を少しずつ改め、学べる状態へと導く必要がありました。

まず、「しっかり見る力」と「しっかり聞く力」をつける練習から始め、言葉の遅れがあるので発音・発語の練習を繰り返し、言葉を理解して行動に移す練習へとつなげ、また衝動性や不注意による不適切な言動をとった時には一つひとつ修正していく、そうした学習です。

一昨年の懇談会では、保護者から春野君に対し「そんな状態だったのに、よくエルベテークで学べましたね」という素朴な質問が投げかけられました。自分本位の言動を続けていた彼がどうして変わったのか、そのきっかけはなんだったのか、という質問の内容です。それを受けて、彼の返答はこのようなものでした。

「決まっているじゃありませんか。先生が両手を僕の肩に置いて『動きません』と言ってくれたから、学べるようになったんです」

教える大人がいるから教われるのです。どう育ちたいか、どう育てられたいか、こればかりは幼い子どもに聞いてもどうしようもないことです。大人が教え導いていかなければならないのです。幼い子どもにも毅然とした態度で向き合う私たちの教室の指導は、時に「厳しい」と表現されることがあります。しかし、子どもの顔色をうかがいながら「気持ちは?」とか「理由は?」などと言い出すのは、それだけ大人の側に自信がないからではないでしょうか。自信なげな大人の様子を見て子どもは、「自分のしたいことが最優先」の世界にすぐに逆戻りします。こうして出口の見えない悪循環が続くのです。

学習開始直後は落ち着きのなかった春野君に対して先生が両手を肩に置いて「動きません」と言った、その時の様子を彼がよく覚えているということの意味はなにか、考えてみる必要があるように思われます。

見習うべき手本とともに

「自分のしたいことが最優先」の状態にとどまっていた春野君は、指導を受け始めた直後はかなり戸惑ったようです。「子どもっぽさがまったくない教室」「厳粛といったほうがいい先生の態度と接し方」「あいさつが無限に感じられるようでした」と彼は記憶をたどってくれます。

昨年夏の懇談会では、彼の母親が当時の思い出をもう少し詳しく語りました。

「エルベテークの初授業。『社会性に欠けているのがよくわかった。見通しがつきやすい課題を与えていただいてよかったと思う』と日記に記してありました。新たな学習、全部が難関という気持ちですね。

まず、あいさつ。一つひとつの動作が難しいので、『こんにちは。よろしくお願いいたします』のテンポ・動きがバラバラになってしまうのです。初め入室までに一五分かかったと思います。『もう一度始めから、あいさつです』と繰り返し。『あいさつにこれだけの時間を？』と、こちらが汗ばむ感じでした。でも、この時間をかけることが大事なことなのだ、とてもよくわかりましたね。やることはやる、できる。息子もどんどんいろいろなことが上手になっていきました」

「こちらが汗ばむ感じでした」という言葉は母親の率直な気持ちの表れでしょう。いま、私たちの教室で学習を始める親子のあいさつを見るにつけ、「自分のしたいことが最優先」の状態から抜け出そうと一所懸命な様子がうかがえます。言い換えれば、それは子どもが「応じる姿勢」「受け入れる姿勢」を身につける準備にほかならないということです。

実は、ここにみられる「応じる姿勢」「受け入れる姿勢」は、109頁の②や③というその後の子ども自身の努力・やる気を促す推進力になります。修正すべき課題に気づいた子どもが次の段階の「学ぶ姿勢」「教わる姿勢」へと進む力だと言えるのです。

大人が「応じる姿勢」「受け入れる姿勢」を子ども自身に身につけさせるには、具体的にはどのように接したらいいのでしょうか。それは次の二点を毅然と実践することです。

①課題を指示に従ってやりとげさせる
②不適切な言動を指摘し、改めさせる

子どもの様子をよく見ながら、指示通りにしているか、不適切な言動はないか確認し、見逃さないように気をつけます。そのうえで、「それは違います」「しません」「いまは〇〇します」と子どもと視線を合わせて、きっぱりと注意します。つまり、不適切な言動をきちんと改めさせたり、指示通りにきちんと行わせることが大事なのです。

春野君に対しては、見習うべき手本を示すとともに、注意し、見届け、認めるという指導を行うことによって、彼の中に「受け入れる姿勢」が整うとともに理解できることが増えていきました。苦手としていた発音（特に「さ」「た」「ら」行）、ひらがな・カタカナ、九九の読み書き、かけ算の練習……、とにかく正しいことを覚えるための反復練習です。

当時の学習を彼は次のように振り返っています。

「僕の場合、順番としては、最初は怒られるたびに『なんだ』と嫌な気持ちになって、イライラしてという感じだったのが、あいさつの仕方で怒られないまま（授業に）入れたりすると『怒られなかった』ということで不快な気持ちにならない。それで、もっと言えば、一日の行動が全部よければ、ほめられる。ほめられる時にようやく、今日はよかったんだな、と。順番としては、これが良いんだ、これが悪いんだではなく、これが悪いこと、それをやらないと怒られないから自分が不快な気持ちにならない、最後にほめられると、これはよかったことなんだな、と。そこから良い悪いが明確に形成されていったのではないかと思います」

評価（注意する、認める）と自己確認という、行きつ戻りつの過程を当時の子どもの目に戻って振り返っている点で、興味深い指摘だと思いました。いままで注意されるという経験がなかったので、注意されるたびに「怒られている」と感じていたようです。このようにして「学ぶ姿勢」は育っていくのだ、彼はそう告げているのではないでしょうか。

「あの優しい母はどこへ行ったのか」

冬の懇談会の折、私が「子どもへの接し方について保護者のみなさんにお伝えしたいことは？」と問いかけると、春野君はある程度は親としての優しい接し方が必要だとしながらも、「甘やかすことだけが親のやることではないと思います」ときっぱり言いました。私たちの教室に親子で通うにつれて、家庭での親の接し方も大きく変わったことを彼は記憶しているからではないでしょうか。

先ほど彼の幼児期とその後の様子を少し比較したように、家庭の様子を学習前と学習後で比べてみると興味深いと思われます。それまで父親や母親の態度はどうだったでしょうか？

実は、教室で学習を始めるまでは、両親ともに腫れ物に触るように彼に接していました。たとえば、彼が泣き叫び始めるとすぐに、目の前に甘いお菓子が出てくるといった有り様でした。そして、本人によると、彼がぐずったりかんしゃくを起こしたりすると、なんとなくあやふやなまま物事が終わってしまうことが多かったとのことです。

ところが、突然、目の前には「しません」「それは違います」「します」「そうです」「それでいいです」と、彼の言動を観察しながら短い言葉を発し、それからの言動を見届ける、やっかいな親が現れるようになったのです。
ふだんはふつうに家族で仲良く会話していたのが、いざ「やらなければならないこと」をしなかったり、「やってはいけないこと」をしてしまうと、親の口調がまるっきり変わったのです。「やります」「やりません」という具合です。春野君は「とたんにエルベテークだな……」と感じていたそうです。

「エルベテークに通っていて、父親や母親のほうが先にだんだん変わったという感じでした。いま振り返ると、先に親が成長したのだと思います。ぐずっても通用しないぞ、とエルベテークの先生のような、『ダメなものはダメ』『いいものはいい』というようなちゃんと線引きを行ってくれるような父親、母親になった。それは子どもの視点から言うと、とても嫌な父親、母親なんですけれども、悪いことと良いことをしっかり線引きしてくれるようになった父、母は本当にいい存在だといまでは確信していますし、それは子どもを育てるうえで大切なことなのではないかなと思います」

彼には母親も父親も「こちらが泣いても叫んでも通用しない人」と映りました。彼の振り返りの中で、「嫌な」存在が「本当にいい」存在に変わったことの意味は大きいと思われます。
彼の話はなかなかユーモアに富んでいます。懇談会での彼のエピソードを一つ紹介しておきましょう。

「食事の時間はみなさんにとって楽しい時間だと思います。でも、小学一、二年生の頃、僕が変な姿勢だったり、口を開けてくちゃくちゃと食べていたり、左手でお茶碗を持っていないと、母は一つひとつ注意し、直させるんです。内心、『あの優しい母はどこへ行ったのか』と思いました」

懇談会の場で家庭での接し方・教え方に話が及んだ時のことでした。参加された方みんなが大笑いでした。

先に成長した親の導き

家庭での学習に関しては、「先に成長した」親によって粘り強く続けられました。特に、母親が効果的な指導のポイントをよく理解し、そのうえで「この子をもっと伸ばそう」「少しでもできるようにしたい」という強い気持ちをもって粘り強く教えるようになった点が大きいでしょう。

受け入れる姿勢・応じる姿勢から自発的・自立的な力へというプロセスは学習面でも同様で

す。意識的な家庭学習は、発語が遅れ、さ行などの滑舌に難点がみられた発音練習にも役立ったと思われます。

彼の振り返りが証明しています。


「発音は、エルベテークでの練習と、あと家でしてもらった親の努力、この二点ですね。親がけっこういろんなところで話す機会を設けてくれました。たとえば、だれかと会った時にあいさつする場面を設けてくれるみたいな。『あいさつしなさい、あなた』と言われてあいさつしたり……。練習の機会を設けてくれたことが大きいのかなと思います」


また、彼は作文の書き方やまとめ方、そしてコミュニケーションや説明に関する力を伸ばしました。昨年春の懇談会の席上、保護者から作文についての質問があった時です。彼は、母親が作文用紙の使い方までチェックして家庭学習に取り組んだ様子を紹介しました。

家庭学習では、句読点の打ち方を意識させられたことを彼は覚えています。教科書を読む時、一息で読もうとする癖があり、それを改めるために、私たちのアドバイスに従って、家庭でも句読点では息を吸うという練習をさせたのです。

これは作文でも行いました。句読点の打ち方を意識することによって、リズムのいいわかりやすい文章になるように練習させたのです。

そして、作文のまとめ方の練習においても、いきなり書かせるのではなく、前もってお互いにいろんな話をしたり質問して聞いたりした後に、文章をまとめさせるように工夫しました。教室の教え方を家庭でも継続したことがよかったと思います。春野君は当時の様子をこう説明してくれました。

「作文の内容を変えることはよくありました。でも、親が『こう書け』と言うのではなく、『ここはどうだったの？』『それってこういうことじゃないの？』みたいに若干助けてもらいながら、『いま、自分で言った内容を踏まえて、もう一度書き直してみなさい』と言われました」

親と子の連携プレー、それを可能にした教室と家庭の連携プレーがよく機能していたことが見てとれます。

親子で取り組んだ学習の記憶

家では、彼は一日に最低でも一時間は勉強したそうです。宿題は母親が採点をして訂正させていました。中でも間違えた漢字は、家でも反復練習していたとのこと。最低でも五回は書き直していました、と彼は強く言い切りました。

彼は形をとらえるのが苦手、つまり覚えられなかったので、字形が乱れることもよくありました。ですから、母親は何回も書き直しを命じたのです。夕飯の後に、寝る前に、朝の登校前などにメモ用紙に「○○を書いて」と繰り返したのです。そのおかげで、漢字検定の試験を受けるなど、積極的な姿勢も育っていきました。

このように、かつてはなんとなくあやふやな状態で終わっていた親子の関係が、まず先に親が変わり、子どもはそれに引きずられるように変わっていく、そんな彼の指摘は教育や指導の本質を突いていると感じます。

母親は以前、季刊誌の中で自身の気持ちの変化についてこのように書きました。

「エルベテークに通い始めた当初、私はハードルの高い課題に『無理だ』と何度も思いました。それは課題に対してではなく、『この子には難しい』と知らず知らずのうちに限界を設けていた自分自身があったと恥ずかしく思います。できないことに対し、エルベテークの先生方から『〝あなたにはできる〟と信じる声が子どもに響くのだ』と教えられました」

春野君は母親に上手に導かれていきました。彼の話によると、母親から「いまは、しません」と言われると、「じゃあ、いつだったらしていいの？」と口答えしたくなったものの、それを聞きそびれるうちに時が過ぎていったと言うのです。

親子で取り組んだ学習の記憶はいまでも彼の頭の中にしっかり残っているとのことです。

「ある時、母が、エルベテークの教育方針として特徴的だと思うのは、『これをやれ』ではなく、『します』『しません』と穏やかなんだけどもきっぱりと言う接し方があると思うんだよね、みたいなことを言っていました」

親が「この子にはきっとできる」と思うか「できるわけがない」と諦めるか、その差は言葉以上に大きいのではないでしょうか。

早退・不登校の危機を乗り越える

だれしも成長の過程で転機と呼べる出来事に遭遇するものですが、春野君の場合、早退をめぐって親と衝突したエピソードがそれに当たるでしょう。彼は小学二年生になると、学校へ行くのが嫌になり、時には仮病を使って授業をさぼり、家に帰ってしまうようになりました。

その時、真っ先に厳しく叱ったのは母親でした。それは当然です。子どもが学校に行くのは大人が職場に行くのと同じように、そうすべき行為だと考えていたからです。納得できる理由もなしに、学校を勝手に早退するとは何事だ、と母親は思っていたはずです。

「学校はあなたにとって大切な場所だから」、そんな親の気持ちが込められた叱責だったと思われます。彼もこの親の気持ちをうすうす感じ取り、「自分のしたいことが最優先」の名残りを振り払うことができました。

たしかに、いろいろな課題を抱えていた彼にしてみれば、友だちから毛嫌いされたという事情があったのでしょう。そんなこともあって、学校が嫌になったのだろうと想像します。当時、私たちが彼の母親から早退の話をうかがった際に、「なんとしてでも学校へ行かせるようにしてください」とアドバイスを送ったことが思い出されます。

「おそらくその時、母親は『学校は行くべきところです。あなたはなにをしているんですか』という言い方をされたんだと思いますよ。そして、あなた自身も『そうか』という気持ちになってまた学校へ通うようになったのではないでしょうか」とこちらから現在の彼に水を向けてみました。すると、彼は「いまは記憶から消えてしまっていますが、絶対そのやりとりがあったでしょうね」と返事しました。

早退をめぐるやりとりが彼を大きく変えました。いまだからこそ、冷静に彼は振り返ります。

「『学校に行きたくない』という、みんなが思うことを実際にやらずに、我慢する能力を小学二年生の終わり頃には手に入れられたのかな、と思います」

親の働きかけが効を奏し、彼は不適切な言動を改め、世の中のルールに合わせようと努力するようになったのです。

反復練習の大きな効果について

家庭と教室での学習を積み重ねるにつれて、彼の気持ちに少しずつ余裕が生まれたのは間違いありませんが、それはいつ頃だったでしょうか？　彼に尋ねてみました。「小学三年生の時でした」というのが彼の答えです。早退という出来事のあと、学習面でも余裕が生まれたと言うのです。

「それまでは勉強することが無限に続くような作業だったんですが、自分で課題をこなせるようになったり、やってはいけないことをやらないことによって物事がスムーズに運ぶようになると、勉強は無限なものではなく、やれば終わるものだということがわかってきて、終わりが見えるとすごく安心して気が楽になったのかなと思います」

彼の学習面の成長において、文章を読むという反復練習の大きな効果についてはいくら強調しても強調しすぎることはありません。母親はほとんどの文章に関して一日に三回は読ませるように対応していたそうです。

親と子の気持ちの変化が興味深いです。春野君は「なんでこんなに読ませるんだろう」と思いながら読んでいきます。そして、彼が三回読んだあと、母親は「いま読んだ内容を言ってみなさい」と指示を出します。以前は覚えられなかったことでも、案外、覚えていたりすることに彼自身が気づきます。その様子を確かめて母親が「何回も読めば、文章なんて頭に入るでしょう」と言います。その結果、春野君のほうも「覚えるまで読めば、どうにかなんとかなる」と思うようになったというわけです。「それ以降は読むことに抵抗がなくなりましたね」と彼は振り返りました。

このように文章を読んだり書いたりする習慣が身についてきた彼は、算数の文章題にぶつかっても取り乱すことがなくなりました。算数の文章題の内容は変わるものの、読む方法自体は変わらない、と感じ始めたからです。そして、文章を読むという作業がそんなに大変ではないと思うようになったのでした。彼の結論は、読み書きの習慣が定着すれば、文章題は抵抗の少ないものになるということです。

そして、学習に取り組む際、彼は「宿題は毎日これだけやれば大丈夫、これをずっとやっていけば一週間で終わる……」と感じるようになっていったそうです。なにが起きるかわからないと不安だらけの状態から脱し、手応えと自信と見通しを感じるようになりました。

「ひらがな、カタカナに関しては反復練習です。何回も書くこと。家でできるようになるまで。話し言葉については、教室で何回も何回も教科書を一緒に音読したのがよかったと思います。学校で読み合わせる時でも嫌だと感じることはありませんでしたから。積極性や自信がどこから湧いてきたかというと、私の場合、エルベテークでの読み合わせの練習だったと思います」

要するに、読み書きという練習の道具を使って、認識力、読解力の向上へ向けてどのように教えるか、どのように教わるかがポイントなのです。彼の努力の結果はやがて「クラスでピカ一の音読」という学校での評価につながります。

こうして、春野君は①「応じられるようになる」と②「修正すべき課題があることにうすうす気づき始める」ステップを経て、「自発的にコントロールするようになる」状態へと進みます。彼が自分の変化を自覚したのは小学三年生あたりだったそうです。

ところで、彼が学習で特に徹底していたと感じたものはなんだったでしょうか？　あえて質問してみると、彼は九九の学習（暗唱）を真っ先に挙げました。

教室で、彼は一つの段を一〇秒以内で言う練習を、小一から小二の前半まで一〇ヵ月くらいずっと続けました。「不明瞭な発音に妥協しないという感じで九九の練習をやっていただいた気がします。これをきっかけに、計算が本当に速くなりました」と彼は振り返りました。

発音の練習に九九を利用したのには、理由があります。学校のかけ算の授業にすんなり入れるだけでなく、必ずある暗唱テストにおいて、先生やクラスメイトの見守る中、一番で合格させ、彼の努力をみんなに認めてもらい、自信をもってほしいというのが私たちの狙いでした。そして、期待通りになったのでした。

体育も国語や算数と同じ

注目したい点はその後の成長です。やがて、同じように不適切な言動をする友だちの姿を冷静に見られるまでに変わりました。

「小三か小四の頃、学校の先生に対する他の生徒の態度とか勉強の姿勢とかが、言い方が悪いですけれど、『明らかに自分よりも下だな』と客観的に感じ取れたことを覚えています。たとえば、先生の話をしっかり聞けるかどうかとか、暴言を吐く吐かないとか。先生に対してお願い事をする時に、『先生、教えてぇ』みたいなタメ口になるとか、授業態度としてはうしろのほうを見たりとか、しゃべってしまうとか、周りにはそういう子が多かったのです」

もちろん、彼も不適切な言動を引きずっていたはずですが、それでも授業中は先生のほうを見て先生の話を静かに聞こうと努力するようになったのです。

こうした彼の観察と関連すると思われますが、学校で体育の授業を受けていた時の認識が興味深いです。

昨年三月に開いた懇談会でこんな質疑応答がありました。ある保護者が彼にスポーツに関する質問をしました。「先生の言うことを聞いたりルールを守ったりしてスポーツができるようになったと自覚したのはいつ頃からですか?」といった内容です。

春野君の率直な答えは「おそらく小学三年生か四年生の頃でした」です。彼の説明によると、記憶はおぼろげながら、その時点まではいま一つルールがわからずに行動していたに違いないとのこと。

彼の場合、一〇〇メートル走や長距離走、あるいは水泳のような個人競技は得意だった半面、連携プレーを要する競技は不得意でした。特に、二つの動作が必要なもの、たとえばドリブルしながら歩いたり、だれかにパスしなければならないバスケットボールや、バレーボールやサッカーは苦手だったと彼は告白しました。

私が感心したのは、そのあとの彼の指摘でした。

「体育といっても、生徒と先生です。生徒側が先生のことを敬うのが前提にありますから、やっていることはエルベテークとあまり変わらないイメージでした。先生が『こうしなさい』と言われたことを素直に受け入れる態度さえできていれば、体育は基本的に大丈夫なのかなと僕は思っています。結果的にルールがよくわかっていなければ、それは逐一、違う場で教えることが必要でしょうが、受け入れる態度さえできていれば、テクニック的なことは改善されていくと思います」

発達上の遅れを抱える子どもの場合、手順通りに手足や体を動かし、バランスをとるのが苦手なことが少なくありません。そして、競技のやり方はもちろん、集合や整列のルールがよくわからず、周りの子どもと異なる行動をとるケースがよくあります。

そのため、周りの大人は表面的な「できない」「できた」といった技術面にばかり目を向け、そこに解決の糸口を探しがちです。むしろ、「受け入れる姿勢」という基盤に着目することが大切との彼の指摘です。「体育も国語や算数の授業と同じで、先生のほうに目を向け、話を聞き、やろうとする気持ち、姿勢が大事ではないでしょうか」とも話してくれました。

春野君が言うように、たとえ体育やスポーツが苦手であっても、応じる姿勢、受け入れる姿勢を整え伸ばすことによって、どの子も大きな改善の成果を得られるようになるのです。

現状を把握し、折り合いをつける力へ

春の懇談会で、彼は次のような含蓄に富む発言をしました。

「僕の経験から言えることですが、反復練習の効果は二つあると思います。最初は、親や先生から言われて練習をやらされます。そして、文字を覚え、計算ができるようになる。すると、それが今度は、自分からやっていこうという自立的な姿勢をつくる練習になります」

私たちの教室では「なによりも子ども自身に力をつけさせたい」という思いで指導に取り組んでいます。そして、この思いを汲み取って、「僕も頑張ろう」「私も努力しよう」と自覚した

時点から子どもは大きく変わるものだと感じます。言うまでもないことですが、鍵を握るのは本人の意思と努力です。

彼の場合も同様でした。反復練習が自立的な姿勢をつくる練習になっていった時の気持ちについて、彼はこう語りました。

「僕の場合、反復練習で力をつけると、自分の考えが変わりました。『周りからハンディを理解してもらおう』というんじゃなくて、僕のほうから努力して社会のルールや常識に合わせる努力をしていかなければならない、と思うようになりました。自分の道は自分の力で切り開きたいからです。

何度練習してもどうしてもうまくできないものは勘弁してもらいたい、でもそれ以外は努力して改善しよう、足りないところは身につけよう、と考えるようになりました。

全部に対して完璧を求めるのは難しいですが、その中で一個だけでもいいから自分なりに得意なものを見つける、もしくはそこに折り合いをつける。『自分はなにができる、できない』をしっかり把握する、そして、どれを頑張れば改善できそうなのか、今後、どういう付き合い方をしていけばいいのかという、先の見通しが自分で立てられるようになるのがすごく大切な力なのかなと思います」

自分の修正すべき課題に気づき、冷静に認め、それを改めようと努力し始めた小学校高学年の頃の気持ちを要約した言葉です。

いつまでも自分の苦手な部分を言い訳にするわけにはいかない。大人になって社会の中で生きていくためには世の中のルールや常識をきちんと学ばなければならない。そして、できるところから努力し、自分の手で世界を切り開いていこう……。そんな当たり前のことを、彼は子どもなりに悟ったのだと思います。

彼の言葉にある「足りないところは身につけよう」「努力して改善しよう」というひたむきな気持ちは、「ハンディを理解してあげよう」というアドバイスが求めるものと好対照です。かわいそうとかつらいといった情緒ではなく、「へこたれずに頑張ろう」「最後まで努力しよう」という前向きな意思を育てることが成長の核心だと言えるのではないでしょうか。

その道筋を実感したのでしょう。彼の母親はかつてこう記しました。

「エルベテークでの指導による〝学習向上〟は氷山の一角に過ぎず、その成果は生活態度の改善や人間性の成長にまで及びます」

その意味では、集中的に学んだ七年間に彼は大切な力の存在に気づき、それをじっくり養ったことになります。教育の効果について彼がしみじみと言った、「ただでさえ教育の効果は出にくいですが、それを自覚するまでにはそれぐらいの長い年月が必要かなと思うんです」という言葉と重なり合っているように思われます。

親ならばだれでも、子どもに問題解決能力や表現力などを早く身につけさせたいと思います。しかし、「早く」が焦りになることもあります。そして、気づかないうちに、試験の点数や順位、学歴といった情報に必要以上に振り回される状態に陥ってしまいやすいものです。

やはり、成長や学力向上の前提・基盤となる自分自身の「学ぶ姿勢」という確かな力を、時間をかけ努力して身につけなければなにも始まらない、そうした事実を彼の言葉は冷静に示しているのだと思います。

成長にとっての学習の意味

ところで、小学校・中学校生活の九年間、順風満帆だったわけではけっしてありません。だれでもモチベーションを失いかける時機はあるものです。

一つのエピソードを紹介しましょう。小学二年生の時の仮病と早退が最初の分岐点だったとすれば、次の分岐点は私たちの教室を卒業した中学一年生の一学期にやってきました。期末テストの英語で二六点という低い点数をとってしまったのです。

期待していただけに母親もさぞ驚いたことだろうと想像します。すぐに教室へ電話がありました。私たちは「成績表を持たせて、川口へ来させてください」と伝えました。

久しぶりに教室にやってきた春野君に対し、私たちは厳しい表情で次のように諭しました。

英語の点数が低いということは、勉強時間が少ない、つまり計画を立てていないということです。英語というのはまず単語を覚えなければならない教科ですから、中学校で最初に出てくる一〇〇や二〇〇の単語をみなさん本当に何回も書いてマスターしているわけです。あなたはそれをしていませんよね……。

単なる表面上の点数ではなく、そこにはっきり現れた学習時間の少なさと反復練習が足りないことを問題視したのです。

私たちからすれば、彼の小学校卒業時に「七年間の学習でなんとか基盤をつくったのだから、いまの努力を続けていけば、どんな壁も乗り越えられる」と確信し、彼をさらなる自立へ向けて送り出したのです。それが、わずか三、四ヵ月ほどしか経っていない期末テストでさっそく弱点が露呈してしまいました。地道に努力を続けているなら、こんな点数をとるはずがないのです。

彼も自分の努力不足を認めたので、改めて私たちは「覚えることはだれかが代わってやってくれるわけではありません。自分で覚えていかなければどうにもならないでしょう」と伝えました。そして、「夏休みは遊んでいる暇はありません」と奮起を促しました。

この一件で彼が自分の姿勢を軌道修正させたことは言うまでもありません。本人の言葉によれば、その年の夏休みは「反省と努力」の日々だったそうです。表1の「子どもたちの成長のステップ」のうち、「自信がつき、『もっと頑張ろう』という意欲が出てくる」段階を強くたぐり寄せたのだろうと思います。

時間が逆戻りしてしまいますが、一つ、小学校生活のこんなエピソードを紹介しておきましょう。四年生の習字の授業で一番好きな文字を書く学習があったそうです。その時、彼は「好きな字」を「大事な字」ととらえ、すぐに「黙」という文字を書きました。常日頃、教室や母親から「あなたはまず黙って相手の話を静かに聞くことが大切です」と言われていることが頭にあったからです。

その当時、母親が私たちに語っていた言葉を思い出します。「以前はすぐ怒ったりしていたけれど、だいぶ素直になってきて、教えやすくなりました」という言葉です。学校の担任からは「こんないい子はいない」と言われたそうです。そして、それ以降、ほぼ毎年、同じ評価を受けてきました。

その後の様子については、母親が認めるように、「やればできる」と前向きに地道に土台づくりに励む習慣を培い、その習慣を活かしながら安定した中学校生活を送ることができたのでした。この頃、彼の人柄ゆえに周りの友だちから一目置かれ、信頼される存在になりました。特に、小学校の時に彼に意地悪だった級友とは勉強を教えたことがきっかけで親友になりました。ブラスバンド部ではトロンボーンを担当し、生徒会の役員も務めて二年間毎月広報誌を発行しました。

そして、第一志望の高校へは推薦入試で入学しました。合格発表の場で「お父さん、お母さん、いままで本当にありがとう！　エルベテークに電話してくる！」と言って、私たちへ連絡してきました。校内では携帯電話は使用不可という約束事を守り、わざわざ校門まで戻って電話したそうです。その時のうれしそうな声をいまでもはっきり覚えています。

推薦入試だったので、しかるべき成績が求められます。当時、彼から成績表を見せてもらいましたが、国語以外はすべて最高の評価だったことを私はよく覚えています。苦手だった体育が大きく評価されていたことも驚きでした。

自然が大好きだった彼は大学の理科系への進路も考えましたが、結局、文科系へと進みました。大学入学時にも親子であいさつに来てくれました。いまは教育学、哲学、社会学、経済学など、多方面の学問を吸収している最中です。

まじめさと理想が混じり合った意見

現在の彼は、だれもがうらやむ有名大学の三年生です。自らの希望で大学の寮に入り、自炊をしながら学生生活を送るといった堅実さも持ち合わせています。また、友人たちと居酒屋などで哲学・教育談義にふけったり、二十数名いるサークルのリーダーとしてボランティア活動をし、グループ旅行を企画し実行したりと学内外での生活も充実しているようです。そして、大学卒業後の進路として、大学院での研究を続けたいというのがいまの彼の希望です。

彼とはいろいろな話題について語り合います。地に足のついた生活からは、それ相応の見方・考え方が生まれるものです。

「学歴は見るけれど学力は軽視するというのは納得いかないです」

そんな指摘があった時には感心しました。「学歴」を「肩書」や「所属」に、「学力」を「実力」に置き換えれば、学校教育のみならずいまの社会一般の問題点に共通すると感じたからです。彼の見方・考え方には青年らしいまじめさと理想とが混じり合い、そこから素晴らしい意見を述べます。穏やかで誠実な話し方にも好感がもてます。

ある時、彼は大学の友人たちによく見受けられる傾向について、こんな意見を述べました。

「親が甘かったり親からあまり怒られなかったという友だちを見ていると、相手の話を聞かないことが多い。それはそうだと思います。自分がやりたいようにやらせてくれている親がいて、『自分がやるのは当たり前』と思っているから。その反面、相手の言うことはあまり聞かないことが多くなっているのかなと思います。自分と違う考えをもっている人のことをすぐ否定したがるというか、けっこうみなさん冷たいんだな、と感じます」

彼の観察によると、大人である大学の教員の中にもこうした傾向をもつ人が見当たるとのことです。冷静な観察だけに、年配の人の指摘ならよくわかりますが、青年の口から出てくる言葉なので驚きます。

そして、知らず知らずのうちに友人たちがとっている自分本位・自分中心の傾向に違和感をもつ彼は、「共感」という基本的な付き合い方の大切さを対比させました。

「相手の話を聞けない、自分のことだけを一方的に話すだけでは共感にはつながらないと思うし、相手の話もわかったうえで自分の話ができるからこそ共感が深められるのかなと思います」

彼の話を聞いていると、周りの友人や大人の言葉や行動を冷静に観察し、それをもとに自分の言葉や行動を点検する術をわきまえているように感じました。大学生の言葉とはいえ、一人の社会人としての自覚に基づいた見方・考え方に接する思いです。

たとえば、次のような意見もそうです。

「感情は一回棚上げにしたほうがいいと思うようになりました。最初はただ事実だけを見なければ……。そこからいいところを引っ張って折衷案をつくるというのが一番うまくいく方法じゃないかなと、そんな気がしています」

考えをまとめたり意見を述べたりする際に感情（好き嫌い、思い込み、主観）が前面に出てしまうと、本当に重要な事実を見逃してしまうのではないかという、彼なりの危惧です。その反省に立って、「最初はただ事実を見なければ」という冷静な指摘になっているのだと思います。

私も、発達上の遅れ・課題に関する情報に接する時に同じような思いをもちます。つまり、本来ならば十分に蓄積された事実に向き合い、そこから出発し、論理を組み立てるべきものなのに、断片的・一時的な例がベースになった考えが堂々と語られるケースが多いからです。情緒的な言葉で包まれたアドバイスは特にそうです。現状をよく知らないのに知っているかのように語られるケースも多いように感じます。

議論（ディベート）や自己表現の技術も大切でしょうが、ある人やグループの感情・意見が他のなによりも優先され、他の考え方に敬意が払われず、事実が無視され誤解されるとしたら、それは大きな問題だと思います。

「最初はただ事実を見なければ」という彼の言葉には、教室の指導と相通じる見方・考え方があると感じます。先入観や偏見にとらわれずに、まず現状をしっかり把握することが大切、ということです。そして、事実に向き合うためにはしかるべき確かな知識と経験、それに基づく思考力と判断力が必要なのではないでしょうか。

「教える難しさ」を克服する歩み

詳しく見てきた春野君親子の歩みとは、煎じ詰めれば、ハンディゆえの「学ぶ難しさ」を克服しようとする子どもに対し、親のほうは「教える難しさ」を克服する歩みだったのだと思います。

春野君に「これからどんなところに気をつけて成長していきたいと思いますか?」と質問してみました。

「なにをやるべきか、なにをやるべきではないのか、そうしたルールのようなものの上に、これから先しっかり生きていくことが生きる目標につながるのではないかと思います」

このように青年らしく答えてくれました。

また、自ら体験し、その貴重な事実をつかんだ彼の母親が最近、大勢の保護者を前に話してくれましたので、その内容を最後に紹介します。

「確実な力をつけるまで、どんなことがあっても繰り返す『やります』『できます』。これのおかげで、逃すところもなく基本を力にすることができると思いました。

『できます』『やります』『いけません』『しません』。すべてにおいてわかりやすい。どんなことをしてでも、逸脱したことは認められないという、一貫してぶれない姿勢。それがすごく子どもを変えているなと思って、信頼しています。

息子はなにがいけなかったのか、わからなかったわけですね。それが言葉によってなにがいけないのかわかってきた。『できた』という言葉を認識していって、ほめられて喜んで自分もできるという自信につながって、やりたいと思うようになっていったんだな、と。

見ていて、私も楽しかったですね。『できた』で済むわけではなく、『はい次。やります』と。次の課題が出てきて、『えっ』という表情を見せるのですが、次々出る課題がわかっていくのを自ら楽しむ姿に変わっていくのも、よかったなと思いました。

『徐々に』の発達から『急速に』という時期を迎えます。目線を合わせてあいさつをする、それが難しかったという息子が泣きながら勉強しましたけど、『先生と約束したもの、課題は出すもの』と言って自分から机に向かうようになっていきます。私たちも、息子の輝き、変化を実感して、もっともっと学ばせたい、もっともっと高くと思えるようになりました」

「もっともっと学ばせたい」という親の前向きな気持ちは、「これなら『教える難しさ』を克服できる」という直感や見通しから生まれたのだと思います。

模範となりうる貴重な成長の記録

ところで、春野君のこれまでの歩みを紹介した私のほうから最後にみなさんに質問を一つしたいと思います。春野君の実例を紹介した理由についてです。

その理由とは、彼が幼児期に判明したハンディにもかかわらず、大きく力を伸ばして成長したからでしょうか？　もちろん、それもあります。母親がつらい子育てを経て、努力と工夫の結果、得がたい恩恵を得るに至ったからでしょうか？　たしかにそれもあります。

しかし、一番の理由は、これです。いま、わが子の発達上の遅れ・課題がわかり、「なんとかしたい」と思っているのに、周りからは「無理をさせないで」と言われ続け、その言葉に違和感をもちながらも、どうしていいかわからない状態の保護者のみなさんにとって手本になるに違いない、これが一番の理由です。生活面・学習面双方での接し方・教え方、親と子のあるべき関係などについて、春野君親子の歩みはいい手本を示してくれるのではないでしょうか。

私たちの教室に通う親と子どもの多くが春野君親子をめざしている事実からも、私の言うことがわかってもらえると思います。

ある母親は次のような印象を記しています。

「息子が四年生の時、春休みに入った頃だったと思います。川口の教室に、たまたま高校の成績表を持っていらしていた春野さんとお母様とお話をさせていただく機会がありました。春野さんご自身の小学校の頃の勉強の仕方として、『とにかくできるまでやる。漢字でもなんでも、とにかくできるまでは、何時になっても何回でも何十回でも繰り返しました』とおっしゃいました。そして、お母様からは、子どもを信じて見守る強い気持ちを感じました。そして、春野さんが優秀なことにも、もちろん驚きましたが、それ以上に、ふさわしい言葉かわかりませんが、ちゃんとしていらっしゃる様子に驚きました。春野さんは、ちゃんとあいさつができて、ちゃんと自分の考えを自分の言葉で伝えられて、ちゃんとご両親を尊敬し感謝している好青年でした。してはいけないことは、してはいけないと教える。逆に、しなければならないことは、させなければいけない。子どもは必ずできるようになると信じる。日頃エルベテークで教えていただいていることを実感する、印象的な出来事でした。改めて、息子も当たり前のことが当たり前にできる、そんな大人になってほしいと心から思いました」

(現在小学六年生の男の子の母親)

「その重要性は、先日冬の学習会の懇談会の際、エルベテークの卒業生で現在大学生である春野さんのお話の中にもありました。『とにかくエルベテークの宿題を毎日まず一番にする。反復練習がとても大事だ』と。春野さんが小中学生の頃の家庭学習の取り組み方を聞いて、とても参考になりました。実際の卒業生の話ですから、同じように毎日毎日やっていけば、うちの息子も必ずや、と気持ちを奮い立たせてくれました。

また、春野さんは、エルベテークでの学習の成果として、『人生に広がりがある』ともおっしゃっていました。その意味は、主観ではあるがと前置きされ、『人の痛みや相手のことを思うからこそ、うれしいことなどがより深く感じられるのではないか』と。この卒業生の言葉を聞いて、息子をエルベテークで学習させて間違いないと心底から思いました。

知的な発達に問題のある子どもの教育に関する事例は多くありますが、こうしたほうがいいというものばかりで、その結果どんな将来（現在）を過ごしているか明確に書かれているものがほとんどありません。あっても、たまたまではないかと思わずにはいられないもの、ましてや、周りと気持ちのいいコミュニケーションがとれているとは思えないもの、しっくりこないものばかりです。

しかし、エルベテークには春野さんはもちろん、立派に世の中ですべきことをしている卒業生がたくさんいらっしゃいます。これは、非常に心強いです。これから進路で当然悩むでしょうが、『地道にコツコツやっていけば、道は必ず開けます』と言い切れる背景がある教室なのです」（現在小学二年生の男の子の母親）

いかがでしょうか。いずれも、春野君親子の話や歩みに触れて綴った親の言葉です。

春野君親子の歩みは、切実な思いをもつ子育て中の保護者や関係者には模範・手本となりうる貴重な成長の記録だと私は確信します（あとがき〔196頁〕にて春野君の手記〔二〇一七年二月〕を掲載しています）。

第5章　社会人として自立した卒業生たち

『自閉症児の学ぶ力をひきだす』の子どもたちの成長と現在

前著から一二年が経過しますが、改めて振り返ると、本に登場してもらったかつての子どもたちは現在、社会人、大学生となり、それぞれの形は異なっても立派に自立した生活を営んでいます。

意外なことですが、発達上の遅れ・課題をもつ子どもが教育という働きかけによりどのように影響を受け成長したかという点について、幼児期から社会人までの長期にわたった具体的な実例が紹介されることはほとんどありません。それだけに、ここで紹介する実例は、教育・学習の意義・効果について認識を新たにする格好の材料となるものと思います。

近年、発達上の遅れ・課題をもつ子どもの就労問題がクローズアップされています。ここで紹介する子どもたちと親が就職にどのように臨み、壁をどのように乗り越えたか、乗り越えようとしているのか、そのポイントはなんだったのか、そして結局、求められていたのはなんだったのか、どのような力の積み重ねが必要だったのか、そうした点でも興味深い事実を見て取れるのではないでしょうか。

『自閉症児の学ぶ力をひきだす』の各章に登場した主な九人のその後、成人期に至るまでの成長記録を以下、表にまとめました。なお、A～I君は第二章から第十章に登場した順になっています。

［A君］21歳　生活介護施設へ通所

学習期間	4歳6ヵ月〜小学6年生（8年間）
学習開始前の状況	・3歳の時に「自閉症」と診断。障害児通園施設に通う ・視線が合わず、言葉がまったく出ない、大きな声で泣く、一時もじっとしていられない多動 ・どこでも大きな声で泣き続けるので、買い物など外出は大変、祖父母宅に連れて行けなかった ・自分の手や腕、唇を噛む癖があり、母親をはじめ周りの大人も噛んでいた ・「この教室にお願いするしかない」との両親の強い希望と小児科医の依頼で学習をスタート
学習開始直後の変化	・週1回80分の学習開始 ・先生の髪の毛をつかみ、壁を蹴り、床に寝転がる ・3回目の学習日、寝転がった彼の手を握った時に目が合うと同時に、「先生を見なさい」と言うと、彼はぴたりと泣きやんだ。初めて15分間座って学習ができた ・リングタワーなどを使って注視と追視の練習を始め、対面学習へ ・言葉と動作と視線が一致する練習を繰り返した ・手を膝の上に置き、口を閉じる姿勢を常に求める。視線を合わせることや「黙って」「静かに」などの指示の言葉を理解する ・6ヵ月後、泣かずに通えるようになり、泣いたとしても「泣かないよ」と言うと、泣きやむ ・数字、ひらがな・カタカナの読み書き計算の学習に取り組む
その後の家庭・学校でのエピソード	・祖父母とも一緒に初めての旅行を経験 ・小学校（養護学校）に入学。学校に喜んで通うようになる ・3年生の時には2時間の飛行機旅行を経験。その後は毎年海外旅行も楽しめるようになった ・養護学校の担任・副担任・補助の3人の教師が教室での学習の様子を見学。鉛筆を持って学習する彼の姿に驚く ・3人の教師は「可能なかぎり学校でも学習の時間をつくります」と約束 ・特別支援学校中等部、高等部へと進む。学校の協力を得て、穏やかな学校生活を送る ・母親は子どもの学習経験を活かし、エルベテークで2007年から6年半講師として働く
現在の様子	・生活介護通所施設に通う毎日。2年前、両親が協力して生活介護施設を設立 ・職員研修では『自閉症児の学ぶ力をひきだす』を読んでもらうようにしている ・「『してはいけないこと』『しなくてはならないこと』をきちんと通所者に教えることからのスタートです。これがいかに大事であるか痛感しています」との最近教室を再訪した母親の言葉

［B君］20歳　大学3年生

学習期間	小学1年生～小学6年生（6年間）
学習開始前の状況	・「自閉傾向」と診断。周りとのコミュニケーションが成り立たず、学校の授業についていけない ・指示をまったく受け入れない、自分のやりたいことだけをする、嫌なことはすべて「やだ」と大声を出して怒る ・家でもどこでも大きな声を出したり、やりたくないことについては大泣きと大騒ぎ
学習開始直後の変化	・週1回80分の学習開始。しかし、「やだ！」「いかない！」「やめる！」の言葉を返すだけ ・泣いたり怒ったりは1回目の学習開始から15分で収まり、指示を聞くようになる ・「見て書く」「我慢して書く」をテーマに1～10の数字を書く練習を開始する。わからなくなったら、「ここまで書いたけれど、わからないから教えてください」と言うように促す ・家で「先生のところ（教室）へ行きたい」と言い始める ・難しい計算は指を使って計算するものの、暗算で繰り上がり・繰り下がりの計算ができるようになり、我慢して学習に取り組む姿勢が少しずつ身につく ・やがて家庭でもあいさつができるようになった
その後の家庭・学校でのエピソード	・担任からは「コツコツ取り組む」「学習姿勢はクラスのお手本」と評価される ・以前は学校で「怒ってばかりいる」と友だちから疎まれていたが、次第に表情が穏やかになり、友だちができるようになる ・教科書の音読ができるようになった ・小学3年生の時の学芸会では劇の中で演技する ・社会科見学では自分の役割を理解し、みんなと一緒に行動できるようになった ・ある学習日に「母が焼いた、ニンジンとレーズンのケーキです。わずかですが、どうぞお召し上がりください」と一人であいさつ ・一般受験して私立中学校へ。内部進学で高校へ。陸上部で活動。より勉強を頑張り、一般受験して大学の経済学部に入学 ・妹も一時期エルベテークで学習
現在の様子	・大学の経済学部で経営を学ぶ。来春の就職に向けて活動中 ・「なにをするにしても、なんとなくではなく、『自分はどうあるべきか』『どうしたいのか』と自分の考えをしっかりもつことを大事にしていきたい」と述べている ・「先生と一対一で教わったことが、エルベテークを卒業しても、自分の人生にいい意味で大きな影響を及ぼしました。改めてエルベテークで学んだ本当によかったと感じました」との最近の感想 ・「適切な時期に的確な指導を受け続けることがどんなに大切なことか痛感している」との親の言葉

［C君］21歳　社会人（2016年5月よりリネン関連の会社に勤務）

学習期間	3歳半〜中学3年生（12年間）
学習開始前の状況	・言葉が出ない、名前を呼んでも振り向かない、奇声を発する ・オモチャの車を同じ向きに並べて見つめる癖が現れる ・2歳で「自閉症」と小児医療センターで診断を受ける
学習開始直後の変化	・週2回80分の学習開始。まず、奇声を出さないように、「静かに」と「待ちます」と教える ・口や口の周りの筋肉を動かすなどの言語指導を行う ・単音の発音から2音が発音でき、学習開始から3週間で母親の前でお菓子の袋を持ってゆっくりと「あ・け・て」と言う ・笑顔が増え、母親の目を見て「ママ」と言えるようになった ・独り言とおうむ返しが増えてきたので、やめさせる目的を兼ねて「はい」という返事を教える
その後の家庭・学校でのエピソード	・先生との受け答えの練習を積み重ねて、コミュニケーションの力が伸びる ・家庭で進んで母親の手伝いをするようになった ・就学相談を受ける。その場で「おはようございます。よろしくお願いいたします」とあいさつして担当の人たちがびっくりしたとのこと。そして、小学校の普通学級に入学 ・入学当初は落ち着きがなかったものの、慣れてくるとともに学校が大好きな子どもに成長 ・計算は得意で周りの友だちや先生がほめてくれる ・「字が上手だね」とほめたことをきっかけに友だちと交流が始まり、仲良しになった ・苦手な読み書き、音読、文づくりの練習に一所懸命取り組む ・小学3年生の時に冬休みの楽しかった出来事をまとめた「てんぼうだい」という題の作文を書いた ・課題はあったものの、小学校、中学校は普通学級で過ごし、高校は単位制高校に進み、学校生活を通して、物事に諦めず取り組む姿勢、素直に謝るなどみんなに好かれるようになる ・どの担任からも穏やかで素直な性格をほめられた ・高校卒業後通った職業センターで、わからないことは進んで聞きに行く、一度も休まずに通うなど、周りの模範となり、勧められたキャリアアップ研修の試験にただ一人合格 ・企業実習を続ける中で、現在の会社に採用される ・兄も一時期エルベテークで学習
現在の様子	・残業や休日出勤をいとわず、仕事に励んでいる ・毎朝6時半に起床し、就業時刻の40分前には出社して仕事の準備をしている ・「体を丈夫にして休まないようにする」「自分が一所懸命頑張ると（両親が）喜んでくれるので、これからも頑張って働きます」との最近の感想

［D君］21歳　大学4年生（2017年4月就職予定）

学習期間	年長〜小学6年生（7年間）
学習開始前の状況	・「学習障害」と診断され、「普通学級には通えない。国語や算数の学習は無理」と指摘される ・自閉傾向もあり、幼稚園では床に寝転がったり、大声で泣く。いつもぼんやりしている ・表情が乏しく、周りからは「愛想のない子」と言われ、のけ者扱い（母親の言葉）
学習開始直後の変化	・週1回80分の学習開始。最初は教室の入口で泣き出す ・親は「無理強いはいけない」と周りから言われ続けてきたために、靴の履き方、鼻のかみ方などの基本的なことも教えられず、できていなかったので、そこから教えることになった ・数字は読めたものの、数の意味がわからなかったが、読み書きを繰り返し練習すると理解できるようになった ・学習開始から3ヵ月後、泣かなくなり、相手の目をしっかり見て、学習できるようになった ・独り言がなくなり、生き生きした目になり、あいさつもできるようになった
その後の家庭・学校でのエピソード	・小学校は普通学級に入学。しかし、担任の指示がよくわからず、翌日の準備などができなかった ・忘れ物が多かったので、登校前に母親がチェックしたり、言い聞かせるなど繰り返し対応した ・運動会のピストルの音が苦手だったので、父親が日曜日に公園で練習させ克服した ・小学3年生の時、学校の掲示板の案内で知った野鳥観察会に自分一人で準備し、付き添いなしで参加 ・小学4年生の時、「ぼくの妹は、ピアノが上手です」という、妹についての作文を一人で書いた ・アブラナやカボチャなどの花を観察して、形や色などをしっかり描けるようになり、花について説明もできるようになった ・諦めずに頑張るという性格は周りからも評価される ・公立中学の普通学級で学ぶ。周りからからかわれ、いじめられて、学校を休んだこともあったが、乗り越え、高校へ進学 ・高校2年生まではいじめやからかいが続いたが、英語の成績がクラスで一番になり、みんなが評価するようになった ・大学は推薦で工学部へ進学。留年せずに卒業の見込み ・妹も一時期エルベテークで学習
現在の様子	・アルバイトや友だちとの旅行など、大学生活を謳歌 ・この4月より福祉関係の会社に就職予定 ・「今までも、最初は『できない』と思うことにも、諦めずコツコツと努力を続けてきました。これからも、最初は『難しい』と感じることがあっても、ここまで頑張ってきた経験を活かして精一杯取り組んでいきたいと思います」との最近の感想

［E君］24歳　社会人（2015年4月より物流関連の会社に勤務）

学習期間	小学2年生〜中学3年生（8年間）
学習開始前の状況	・4歳の時に「自閉傾向」と診断、言葉の遅れとおうむ返し ・公的な療育施設に通うが、「1年半ほどの遅れ」と指摘される ・読み書き計算ができず、授業についていけない。授業中は先生の話を聞いていない ・家庭で父親が漢数字の「二」を書かせようとしたものの、二本の線を書くことができなかった ・たし算や引き算の基本も理解できない（指を使って簡単なたし算ができる程度）
学習開始直後の変化	・週1回80分の学習開始 ・学習を開始した小学2年生の時点で、改めて読み書き計算をはじめからやり直した ・親は当初「勉強はできなくてもいい」と考えていたが、やがて家庭学習に熱心に取り組むようになり、彼の成長を促す ・開始から数ヵ月が経過した時点で、指を使わずに計算できるようになり、自ら教材を広げて準備するまでに成長した ・親はコミュニケーション力の育成をめざして言葉の訓練を求めたが、次第に見る・聞く、読み書き計算の学習がいかに大事かを理解して、よりいっそう家庭学習に力を入れる
その後の家庭・学校でのエピソード	・学校のテストで100点をとることも ・作文を苦手としたものの、大嫌いだった社会や理科が好きになる ・小学4年生の1学期、カウンセラーの勧めで専門医受診、知能検査IQ75の結果から、「普通学級にいるのはストレスだ」との非難めいた言葉に親はショックを受ける。しかし、わが子のことは自分たち親がよくわかっていると気持ちを立て直す ・中学校も普通学級に進む。定期テストを頑張り、推薦で高校普通科に進学 ・就職へ向けて、実務的な技術を習得したほうがいいという親子の判断で、高校卒業後の進学先に公立の技術専門学校を選択。しかし、卒業の折、就職先を紹介してもらえず ・相談のうえ、療育手帳を取得し、就職をめざし活動開始 ・約1年間、就労移行支援施設に通いながら、ハローワークや求人専門のサイトに登録し、個人で就職活動を続ける。数社応募して、最初に面接を受けた会社に採用される
現在の様子	・物流関連会社の事務部門に勤務 ・無遅刻・無欠勤を続けている ・「仕事では、新入社員に対して、自分にできることがあればわかりやすく教えられるような頼りになる先輩になりたいです。周りのスタッフから積極的に学び、会社の役に立てる社員になりたいです。まだまだ学ぶことはたくさんありますが、生活力をつけて、将来的には一人で生活していけるようにしたいです。料理が一番の課題です」との最近の感想

［F君］22歳　社会人（2013年4月より日用品関連の会社に勤務）

学習期間	年長〜小学6年生（7年間）
学習開始前の状況	・両親は3歳の頃に軽度の自閉傾向と知的障害に気づく（はっきりした診断はなし） ・多動があり、嫌なことにはすぐ泣く、怒る ・コミュニケーションがとれない、執着が強い（特に同じビデオをすりきれるまで見る、幼稚園で砂場に行かないと気が済まないなど）、集団生活が苦手 ・日常生活では必要な最低限の会話はできた ・就学時健診の後、就学相談で「普通学級は無理。知能が足りない」と言われた
学習開始直後の変化	・週1回80分の学習開始 ・最初の学習日、教室の外で大泣き、座り込み、先生が迎えに行く ・3回目の学習で80分間椅子に座って学習ができるようになった ・2ヵ月後には、質問に答え、指示に従って行動できるように ・基本的なひらがなの読み書きができるようになる ・最後の就学相談で親が「普通学級へ行かせたいと思います」と伝え、先方に子どもの成長が認められ、普通学級に入学 ・ただし、普通学級入学の条件として、パニックを抑えるためにリタリン服用（父親は医師であり、薬の副作用を心配） ・読み書き計算を丁寧に繰り返し練習することによって、自分の言動をコントロールする力や物事をやりとげる力などを向上させるために、家庭でも両親とともに協力して学習 ・小学2年生の時に「薬を飲まなくても頑張るから」と父親に告げる（以後、学校も了承のうえリタリンの服用をやめる）
その後の家庭・学校でのエピソード	・指導上配慮してほしい点を進級するたびに学校側に伝える ・親は子どもの接し方について担任に具体的に助言したことも ・学校での授業の様子を教室の先生が見学した際に、彼が近づいてきて目を見ながら「僕は頑張るからね」と言った ・中学からは特別支援学級に進学 ・高等特別支援学校職業訓練コースに進学 ・担任、実習先、どこでもだれからでも「挨拶がとてもいい」とほめられる ・明るくまじめな性格が気に入られ、2年生の時に実習した会社に就職 ・当時、高等特別支援学校の卒業生約70名の中でただ一人正社員として採用される
現在の様子	・日用品関連の会社の社員として、もうすぐ丸4年になるが、これまで欠勤はなく、いまの職場に長くいたいと希望 ・毎朝7時前に家を出る。繁忙期は残業があるが、頑張る ・休日はたまに友だちとカラオケに行くなどして過ごしている ・「お客さんの商品なので丁寧に扱うようにする。あわてて作業してケガのないようにする」との最近の感想

［G君］22歳　社会人（2013年4月よりNPO運営の飲食関連業務に従事）

学習期間	2歳〜小学6年生（10年間）
学習開始前の状況	・2歳10ヵ月で専門医から「自閉症」と診断 ・視線が合わず、独り言を繰り返し、言葉の遅れがあった ・ドアの開閉の音に敏感で、自分で閉めないと気が済まない ・ブロックや缶を並べるなどの執着もあり、外では走り回る
学習開始直後の変化	・小児科医の紹介で週1回80分の学習開始 ・最初の学習日、かんしゃくを起こし、教室の壁に体や頭をぶつけるなど、大騒ぎする ・大きく口を開けて「あいうえお」の口の形をまねる練習開始 ・学ぶ姿勢を保ち、指示に従って言葉と行動を一致させる練習も ・「キィー」という金属音のような声での反応に対しては「静かに」「言いません」と伝えた ・4ヵ月後には「あお」の「あ」といった単語の一部の単音を発せられるようになり、1年後には必要なタイミングで「ママ」と言うようになった ・4歳になると、「飲む」「食べる」など、自分のしたいことが言葉として言えるようになった
その後の家庭・学校でのエピソード	・「自閉症」と診断した専門医は「ずいぶん成長しましたね。びっくりしました」との言葉 ・小学校の普通学級に入学 ・入学直後、授業中に席を離れることがあるものの、教室を飛び出すような大きなトラブルはなく、担任が適切に対応 ・1年生の1学期、学習は子ども任せになっていたので、教室から「安心は禁物です。もう一度、ご両親も真剣にお子さんの学習を見てあげてください」と指摘し、改めるようにアドバイスした ・2年生になると、友だちを叩く癖が出てきたが、周りが「コミュニケーションをとっている」と解釈し、そのままにしていたので、結局、両親が交替で毎日学校に付き添うことになる ・3年生からは特別支援学級に移った ・クラスメイトの前で教科書を音読できるようになった ・特別支援学級の担任にお願いし、教室での学習の様子を見学してもらった際、「先生とのやりとりが素晴らしい」「学校でもできる部分はやっていきたい」「やはり、この教室での学習がとても大事です」と言われた ・中学校は特別支援学校の中等部に進学。肢体不自由児の面倒をよく見た。自ら志願して生徒会の役員を引き受けた ・特別支援学校の高等部に進み卒業 ・妹も一時期エルベテークで学習
現在の様子	・NPO運営のレストランで、接客や配達などの仕事に就く ・仕事が好きで元気よく取り組んでいる ・和太鼓を習い、年に2回舞台で発表

［H君］23歳　社会人（2012年4月よりビルメンテナンス関連の会社に就職）

学習期間	年中～中学3年生（11年間）
学習開始前の状況	・2歳になっても言葉が出ない、乗り物や機械への執着、多動などを心配 ・保健センターの乳幼児相談や言語指導を受けたが変化がなく「なにか物足りない」と感じる ・小児医療センターで「自閉傾向がある」と診断され、「病院でできることはなにもない」と言われ、どこか指導してくれるところはないかと医師に尋ね、教室を知る
学習開始直後の変化	・週2回80分の学習開始 ・ほとんど言葉にならず、落ち着きがなかったが、1ヵ月後には言葉の理解ができ、椅子にじっと座って学習を受ける ・少しずつ言葉にできるようになり、あいさつができるようになる ・半年後、数字、ひらがな、色などを理解し、言えるようになる ・年長の夏から数回の就学相談を経て、小学校普通学級に入学
その後の家庭・学校でのエピソード	・入学に際しては「指導にあたってご配慮いただきたい点について」というレポートを担任に手渡し、理解をお願いした ・座席を前にしてもらったり、連絡帳を通してそれぞれの学年の担任に協力してもらう ・家庭学習では父親が学習を見ることも多く、両親が協力 ・小学3年生の時、双子の弟が生まれたので、学習は父親が担当 ・小学5年生の時、母親は担任に再度「指示は聞いて従えますが、一回の指示だけでは理解できず、戸惑うことも見受けられます。その際はもう一度声をかけたり、わかりやすく説明していただけるとありがたいです」とお願いした ・中学校も普通学級で学ぶ。英語などの教科学習では一所懸命反復練習した ・高校進学にあたり、高等特別支援学校職業訓練コースを希望し受験したが、残念ながら不合格。地元の特別支援学校高等部に入学 ・入学直後から、リーダー的な役割を与えられるようになり、意欲的な学校生活を送る。在学中、Wordの資格試験にも合格 ・母親はPTA役員として学校から高い評価を受ける ・まじめで礼儀正しい性格の青年に育つ ・高校の推薦で企業実習を受け、学校で初めての特例子会社への就職が決まる ・弟2人も一時期エルベテークで学習
現在の様子	・きちんとあいさつができる、読み書きの力がある、性格が素直である、この3点が評価され、学校で初めてのケースとして特例子会社（ビルメンテナンス会社）に採用、現在に至る ・「幼児から中学3年生まで学習を頑張りました。怒られてばっかりだけど先生たち元気してますか？　お体に気をつけて学習してください！　家族とお仕事のみなさんを大事にしていきます」との最近の感想

［I 君］24 歳　社会人（2011 年４月より流通関連の特例子会社に就職）

学習期間	小学１年生～中学３年生（９年間）
学習開始前の状況	・視線が合わない、言葉の遅れ、おうむ返し、独り言、多動、こだわりなどがあった ・３歳の時に「精神発達遅滞」といわれる ・公的な療育機関の「ことばの教室」に２年間通うが、おうむ返しが多く、言葉でのやりとりができない ・幼稚園に入ったが、自分のクラスにいなくて、庭で遊んだり、他のクラスに行ったり。運動会には参加できなかった ・就学相談を受けて、「普通学級で様子を見ましょう」となる ・小学校では授業にはまったくついていけず、教室から出て校庭や砂場などで遊んだり、資料室の教具を壊したりしていた ・小学１年生の担任からは「ひもでつないでおきたい」と言われるほど大変 ・これでは学校に通えなくなると親は考え、紹介で教室を知る
学習開始直後の変化	・小学１年生の 12 月、週１回 80 分の学習開始 ・学習開始直後は、椅子に座れず、泣いたり、大声を出していた ・人の話を聞くようになり、あいさつも元気よくできるようになる ・学校でも授業を受けられるようになり、休み時間には周りから言われなくても一人でクラスに戻ることができるように
その後の家庭・学校でのエピソード	・「学校が大好き」と言って毎朝登校するようになった ・１～６年生の担任６人全員が教室での指導を見学。なかには、その後もアドバイスを求めて私たちに相談に来た先生も ・繰り上がり、繰り下がりの計算や漢字を、筆順を守って書けるようになった ・３年生の担任より「I 君がいてくれるので、クラスがとてもいい雰囲気です」と言われる ・事前に中学校とも打合せをして、中学も普通学級に入学。からかわれたりいじめがあったが、我慢できるようになっていた。そして図書館で本を読んで過ごすこともあった ・高等特別支援学校職業訓練コースに進学、１年生から実習を経験 ・高校では、「３年間で一番成長した生徒」と言われた ・実習を経て、流通関連の特例子会社に採用される ・以来、仕事が好きで熱心に取り組んでいるので、上司や周りから温かい応援をもらっている ・次兄も一時期エルベテークで学習
現在の様子	・まじめな仕事ぶり、責任感・使命感の強い性格 ・入社してから６年になるが、欠勤は発熱の２日のみ ・仕事で必要な研修を積極的に受けている ・「細かな大事な仕事もやるようになりました。頑張ります」との最近の感想

C君（二一歳）　頑張れば結果はついてくることを証明した

　C君はいまのリネン関係の会社に就職するまで、職業センターで一所懸命、黙々と実習を繰り返しました。自分で決めた目標に向かってまじめに進む彼の頑張りは、発達上の遅れ・課題のない一般の子どもでもなかなかまねできないのではと思います。

　小学校と中学校は普通学級で学び、学力の遅れは私たちの教室と家庭で集中的に学習することによってカバーしてきました。その後、単位制高校へ進みましたが、いずれの学校でも彼の性格は先生方から感心され、ほめられていました。

　卒業後、職業センターで就労のために必要な技術などを習得するように心がけました。一度も休まずに通ったという事実は何度強調してもいいように思われます。周りの友だちは彼のまじめな態度を見習って作業していたとのことです。わからないことをそのままにせず、教えを乞おうとする彼の態度も、センターのいい手本となっていたようです。

　頑張れば結果はついてくるものです。テストで優秀な結果を修めたため、彼一人だけキャリアアップの研修を受けたこともあります。そして、現在のリネン関係の会社へ就職できました。周りも戦力として期待しているので、休日出勤もいとわないなど、彼は会社に大きく貢献しています。「自分が一所懸命頑張ると（両親が）喜んでくれるので、これからも頑張って働きます」という彼の言葉はシンプルですが、社会人の基本となる考えを明確に示しています。

そして、病気で仕事を休むことのないように、苦手だった野菜を含めてバランスのとれた食事を心がけるなど、健康と体力維持に注意を払っています。

二歳で小児医療センターへ通い、その後「自閉症」と診断され、私たちの教室に通う三歳半までずっと言葉が出なかったこと、「しっかり見る」「しっかり聞く」ができずに親の指示が通らなかったことなど、つまり『自閉症児の学ぶ力をひきだす』で紹介した幼児期の出来事はいまでは遠い昔のように思われます。

母親の言葉：「この教育に出会わなかったら、いまの成長はなかったと確信しております。まだまだ大人としての知識、言葉遣いなど課題はたくさんありますが、エルベテークで一二年間教えていただいたことを心の財産とし、息子とともに成長していこうと思っています」

D君（二一歳）「諦めない」と「頑張る」を実行する

今春、福祉関係の会社に就職するD君は、数学が好きで得意でもあったので大学は工学部に進学しました。そして経営工学を学んできました。専門科目の勉強は難しかったものの、父親が勉強を見てくれたこともあり、多くの学生が留年する中で、無事卒業見込みとのことです。そして、「社会や人の役に立ちたい」と考え、福祉の仕事を選び、学んできた経営の知識を活かそうと勉強しています。

幼児期には「自閉傾向もある学習障害」と診断され、医師から「発達の遅れがあるので、普通学級には通えないでしょう。国語や算数の学習はこの子には無理」と言われたのでした。幼稚園から小学校までは周りと関わりがもてずに一人でいることが多かったのです。実は、中学校三年間と高校二年までは何事にも自信がなく、からかわれたり、嫌なことを押しつけられたりしていじめを受けていました。中学の時は学校を少し休んだこともありました。しかし、自分なりに頑張って乗り越えました。日々コツコツと勉強したことにより、高校三年の時に英語がクラスで一番となり、周りも認めてくれ、いじめはなくなりました。本人も自信をもてるようになり、推薦で大学へ進学したのです。

このように学習を通して、生活面の問題、周りとの関わり、学力の遅れなどの困難を乗り越えたのは彼自身の力と親の応援だったと改めて思います。要するに、それぞれの立場での「諦めない」と「頑張る」が効を奏したということではないでしょうか。

「昔は泣いてばかりで時計も読めなかった息子が高校で微分積分ができるようになった時は

びっくりしました」と母親は話していました。親も成長の手応えを感じたようです。

大学に入ってから初めてアルバイトをした時は接客や人間関係で少々苦労しましたが、いまは周りからも好かれるタイプで、友人たちと飲食したり旅行に出かけたりしています。以前のような独りぼっちで周りと関わりがなかった姿はもうありません。

母親の言葉：「今私が確信をもって言えることは、『障害があっても周囲の支え、よき指導者を得ることで、必ず子どもは成長できる』ということです。息子の成長過程で幾度も『無理をさせすぎているのでは』などと、自問自答を繰り返し今日まで来ましたが、『本当に諦めないでよかった』と、心の底から思っております」

E君（二四歳）どこへ行っても「好感がもてる」と評価される

E君は一昨年の四月、物流関係の一般企業に就職しました。母親によると、毎朝、笑顔で元気に出勤しているそうです。就職してすぐに、私たちの教室に就職の報告に来てくれました。手には自分で買った手みやげがありました。

そして、「就職できて本当によかったです。仕事は楽しいです」「仕事でわからないことは聞いています」と報告してくれました。彼の受け答えの内容と態度は自立した社会人そのものでした。

初めての給料日に、彼は両親に大きな花束をプレゼントし、手紙とともに感謝の気持ちを表したそうです。そんな配慮のできる青年に育ちました。

しかし、就職に至るまでは厳しい道のりだったのです。幼少の頃から、コミュニケーションが苦手で、家族以外の人を避けてばかりいました。就職へ向けては、実務的な技術を習得したほうがいいという親子の判断で、高校卒業後の進学先に公立の技術専門学校を選び、そこで学びました。しかし、コミュニケーション力や技術力が不足しているとの理由で、残念ながら企業への推薦はもらえませんでした。

親子とも失意の底にあったはずですが、それでもひるまず、彼は就労移行支援施設に通うことを決めました。さらにコミュニケーション向上や仕事上のルール、困った時の対処を学ぶためです。一日四時間の軽作業を行うのが仕事内容でしたが、ほぼ一年間まじめにそこに通いました。

実は、その前のことですが、今後の生活と自立、就職を考え、私たちと話し合いながら彼は療育手帳を取得しました。親としては、小学校からずっと普通学級で学んできたのになぜ療育手帳なのか、という思いもあったようですが、療育手帳が味方になることもあると考えるようになったのでした。

就労移行支援施設に通う間、両親の勧めに応じて彼はハローワークや求人専門のサイトに登録し、就職活動を続けました。やがて、応募した企業から面接の連絡が届き、初めての面接を経て、採用されました。大手グループ会社の本社人事部に配属となりました。

いま、持ち前のまじめさと礼儀正しさで仕事をしています。「無遅刻・無欠勤は徹底して守っていきたい」という彼の言葉通りです。

かつて、小学二年生から発達上の遅れを取り戻すために読み・書き・計算をやり直した彼でした。四年生の一学期には、カウンセラーから勧められた知能検査でＩＱ七五という厳しい現実に直面したことがありました。自信をもって受けたものの、思わぬ結果でした。「普通学級に通うのは無理だ」と言われたものの、それに振り回されずに親子で頑張って学習を続けたのです。中学、高校では年間五回の定期テストすべてについて、両親が交替で家庭学習のサポートをしたほどです。

「当然私たち以上に大変だったのは息子でしたが、すでにエルベテークで学ぶ姿勢を身につけていただいていたので、歯を食いしばりついてきたのでしょう。つらくてもその先にある達成感や充実感、時にはいい結果への喜びを息子は知っていたのだと思います」と母親は当時の様子を振り返っています。

高校へは推薦入試で進学できました。その頑張りは卒業後の活動や現在の仕事にも間違いなくつながっていると思います。

母親の言葉：「教室で身につけた力の大切さを最も強く感じたのは、就職へ向けての準備の過程で、数々の面接を経験した時かもしれません。どこへ行っても、『とても誠実で素直ですね。大変好感がもてます』と言っていただきました。教育を受けるということは、つまりそういう人になるということではないでしょうか。

息子には、現在とても恵まれた環境で仕事をさせていただいていることを忘れずに、少しでも会社に貢献できるよう努力を続けてほしいと願っております」

H君（二三歳）　学校で初めて特例子会社に就職した

H君のその後の成長を振り返る時、忘れられないエピソードがあります。それは特別支援学校高等部への入学にまつわる話です。

幼児期に彼は専門医から「自閉傾向がある」との診断を受け、「病院でできることはなにもない」と言われたあと、その専門医の紹介で年中から中学三年生まで私たちの教室に通いました。小・中学校は普通学級で学びました。

高等学校の受験に際し、両親も私たちも高等特別支援学校職業訓練コースには「間違いなく入れる」と考えていたのでした。ところが、結果は不合格。

結局、地元の特別支援学校高等部への入学となりました。不本意と感じた母親から、一一年間も集中して学習させたのに、結局は、希望したらだれでも入れる学校にしか進めなかったと、とても残念そうな悲しみのこもった電話がありました。

私たちは申し訳なく思いながらも、「高校に入ったらわかるはずです。彼の性格や能力を必ず理解してくれる人がいます」と伝えたのです。

その後、彼は特別支援学校高等部に入学直後から、リーダー的な役割を与えられるようになりました。まじめで礼儀正しく、読み書きの力もあったからです。運動面では学校代表になったこともありました。先生の手助けをする場面も増えました。在学中にワープロソフトWordの資格試験にも合格しました。これまで努力し身につけてきたさまざまな力が花開いた感じです。

母親のほうもPTA役員として活動し、親子ともに充実した三年間だったのです。

実は、彼が通う特別支援学校はもともと企業の実習枠さえもらえていませんでした。しかし、偶然、ある特例子会社から実習枠に一人だけ照会があり、「H君が適材である」と学校が判断し、推薦してくれたのです。そして、実習が始まって最初の一週間でその特例子会社への採用が決まりました。ビルメンテナンス関係の会社です。そんなことは学校で初めてのケースでした。その後、自分だけでなく、後輩にも就職の道を拓くことができました。彼のリーダーシップがいろいろな形で影響を与えたことになります。

採用のポイントは、きちんとあいさつができる、読み書きの力がある、性格が素直である、この三つだったようです。その会社の社長からは「君には期待している」と声をかけられたそうです。

現在、彼は毎朝七時一〇分頃に家を出て会社へ向かいます。パソコンの学習は、上級Excelの資格取得へ向けて勉強中とのことです。また、体のほうも健康で、週に一回は陸上サークルで一〇km以上走っているそうです。充実した生活ぶりがうかがえます。

母親の言葉：「将来のことは考えられるだけの材料をまだ持っていないというか、現況はとても充実しているので特に不満がないからかと思います。ケアもしっかりしている会社なので、引き続きお世話になっていきたいと思っています」

子どもたちにとって「教えてほしいもの」とは

私たちの教室では、就労へ向けた事前の対策をテーマとする特別な研修を実施しているわけではありません。しかし、ここに紹介した卒業生の子どもたちが就労という、人生の大きな節目を次々に迎えるにあたって、私たちなりに発達上の遅れ・課題と就労の問題についてよく考えます。

一昨年の暮れのことです。ある都市での講演依頼がきっかけで、主催者である社会福祉施設の責任者とお話をしたことがあります。その施設は、「自閉症」と診断された多くの成人に対して療育を行う施設ですが、興味深いことに気づきました。

私の本を読んで触発されたスタッフは、「通所者の方たちはどのようなことをしてもらいたいのか、共通の目標をつくるために本人たちから聞いてみよう」と考えて実施されたそうです。同席したスタッフの説明によれば、こうして生まれたのが「四ヵ条」とのことでした。

「やるべきことをやるべき時にきちんとやれるように教えてほしい」
「あいさつや返事は基本だからきちんとやれるように教えてほしい」
「いろんなことを教えてほしい」

「報告、連絡、相談（ほうれんそう）」

　この四項目です。この話をうかがった時、的を射た指導方針だと私は感心しました。というのも、この四ヵ条は成長のポイントをしっかり押さえていると感じたからです。

　私たちの教室を卒業して社会に出たかつての子どもたちとその親からの話によると、周囲から評価された最大のポイントとして全員が、①あいさつ・返事がきちんとできること、②指示やアドバイスを受け入れる素直な気持ち、③へこたれずに物事に取り組む姿勢、この三点を強調します。めざすべき目標はどの施設でも同じなのです。

　ところが、四ヵ条を説明していたスタッフの方の表情がいま一つ冴えませんでした。「全国からやってくる見学者にこの四ヵ条を説明するのですが、詳しく聞いてもらえないのです。『そうですか』でおしまいなのです」と話していました。

　問題意識をもっている関係者はたしかにいるのに、残念なことだと感じました。

第6章　まとめと提言——「いい子」に育ってほしい

あるアンケートから

以前、あるＮＰＯ法人が主催した講演会で私たちの教室の指導についてお話ししました。発達上の遅れ・課題をもつ子どもの保護者と教師を主な対象としたものでした。講演のあとの質疑応答でもアンケートでも、「親の立ち位置を再確認することができた。目の前が開けたような気がする」「子どもに対しての接し方が間違っていることに気づかされた」「たくさんの事例を挙げながらの講演だったので、わかりやすかった」「親としての基本姿勢を確認することができた」「現実的にどう対応したらいいかが理解でき、心強かった」などと感想をもらいました。

ところで、その中に一通、次のような感想がありました。

「話の内容はよくわかったが、結果論であって、根拠がわからなかった。どうしてじっとしていられないのか、話が聞けないのか、まずは子どもを理解することが大事ではないのか。やり方を間違えれば二次障害につながるような気がする。（中略）いきなりできないことを指導するのではなく、できることからスモールステップしていくことがいいのではないか」

この意見は、発達上の遅れ・課題をもつ子どもに対して見受けられる典型的なとらえ方のように思います。第1章冒頭で紹介した高校教師・宮原さんの指摘した「障害があるからそんな努力による変革など無理だという無意識の前提」が感じられるのです。

そこで、この意見に基づいて私の立場から少し説明したいと思います。

「結果論」「根拠」「二次障害」という言葉も使われていますが、目の前にある子どもたちの成長した数多くの結果と実例に目を向けるのではなく、最初から受け入れようとしない気持ちが伝わってくるのは残念です。

また、この方はどのような指導経験に基づいて「根拠」と言っているのかな、などと考えてしまいます。経験があるならば、遅れや課題の改善がいかに難しいかという事実、そして効果的な成果のあがる指導法が確立されていない現状を知っているはずだからです。おそらく、その方の持論と異なる私の話に賛同できなかったのを、「根拠」という言葉で表現しただけのように思われます。

もちろん、「子どもを理解する」「スモールステップ」はわざわざ言うまでもないことです。それから具体的にどうするかというところで知恵と工夫を積み重ねていかなければなりません。また、スモールステップといっても、一つの段階にいつまでもとどまっていては効果がないこと、よりレベルアップするためにいつまでになにをどのように教えるかという的確な指導計画を立て、進捗をチェックして適宜見直していくこと、それを私たちはいつも自覚しています。

「二次障害」という言葉が出てきましたが、私たちの教室では保護者からそのような心配を聞いたことがほとんどありません。むしろ、ここまで紹介してきた実例のように、子どもと親が指導・学習の手応えを感じ、成長を楽しみにしているのです。

事実・実例を知ることの大切さ

さて、先日のことですが、中学二年生の女の子の母親がこんな体験をしたそうです。発達上の課題があるものの普通学級で学ぶわが子の子育てについて、かかりつけの大きな総合病院の小児科に相談すると、小児心理を専門とする先生を紹介され、後日、発達検査を受けることになりました。

検査を受けてから一ヵ月後、その先生からすぐに言われたことは、「いま、普通学級にいることで大きなストレスを抱えています。普通学級にいること自体が問題です」と、IQが低いということから推し量ったような言葉でした。

彼女は私たちの教室に小学一年生から通い、八年目になります。日本舞踊を習っていて、大きな舞台に立ち、多くの人の前で発表したこともあります。また、教室では期末テストへ向けて頑張っています。英語は本人も好きで、得意なようです。

小児心理の先生に対して母親は「そんなことはありません。学習も一所懸命取り組んでいるし、友だちもいて、高校進学を前提に当たり前のように中学校に通っています。祖父母も含め、家庭でも明るく過ごしています」と答えました。すると、「娘さんは、外にストレスを出さずにとんでもなく我慢しているんです。楽しそうに見えるのは見せかけで、本当の自分を出していないんです。もし、お母さんが言う通りなら、それは奇跡です」と言われてしまいました。さらに「高校に入れて、できたら大学に進ませたい」と告げると、あきれ返ったような態度をとられました。

母親のほうもあきれてしまいました。周りの状況に気兼ねして本当の自分を出さないように演技する能力がわが子に少しでもあったら、こんなに子育てで苦労しないのに……そう思ったからです。そして、専門家とはいえ、よく知らない相手になんと大胆なコメントをするのだろうかと首をひねってしまったのでした。

家に帰ると、その出来事をご主人に話しました。すると、笑い飛ばしたあと、こう言ったそうです。

「教育で子どもがこんなに変わったという事実を一つも知らなければ、あるいは比較するものがなければ、そういった専門家の言葉を鵜呑みにしてしまうんだろうねえ」

面談時にその話を母親から聞いた際、私のほうから「二次障害についてどう思われますか？」と質問してみました。その時の答えがふるっています。

「なんですか、それは。私の周りでは『二次障害』なんて聞いたこともありません。要するに、業界用語ですよね。課題があるのになにも教えられずにうまく育たないケースは世の中にたくさんあって、そっちのほうがどんどん大変になるから、ずっと問題なんじゃないですか」

「腹を据えて子育てしている」と言っている母親が指摘した「業界用語」という言葉に納得

させられました。発達上の遅れ・課題についてさまざまな専門用語が語られますが、それらの言葉に必要以上に振り回されないためには、親子で成長の手応えをつかむことに尽きると思います。

子育て・教育の大きな流れにどう向き合うか

先に触れたように、教えることをためらうような人がいることは残念ですが、現状をよく見れば、こうした考えをもつのもやむをえない、無理のないことだろうとも思います。

おそらく一九八〇年代からだろうと思いますが、子育てや教育という、子どもを教える行為の意味合いが大きく変化してきたように感じるからです。親や教師も混乱しているというのが実態かもしれません。

その原因は、それまでの常識とは異なる見方・考え方が大きな潮流として登場し、浸透してきたためだと思われます。これからの子育てや教育を考えるうえでおおいに参考になりますので、対比させながら紹介してみましょう。

一つは、教育の伝統的な考え方を継承したものです。子どもというものは、一所懸命遊び、それが成長のエネルギーになるものの、無知で落ち着きがないのは当たり前であり、子ども自身もそこから抜け出てさまざまなことを学び知り、成長したいと思っている、そんな見方に基づきます。

言い換えれば、知識を伝授しながら、不適切な行為を改めさせることにより、幼さに決別させ、自立した大人になるよう子どもを導くことが親や大人の責任ということになるでしょう。

これに対し、もう一つの考え方は、大人が子どもの不適切な言動に気づいた場合、その言動を改めさせるよりも、まず「なぜ?」「どうして?」などと行為の意味・原因を探り、理解してあげるべき、それが子どもの気持ちを尊重することだというものです。

近年、この後者の考え方が急速に受け入れられ、いまや主流になった感があります。社会の中でなにかにつけ情緒的な「心の問題」に焦点をあてる傾向が強まってきたようです。学校をはじめとした教育の場でよく耳にするようになった、「無理強いは子どものストレスになる」「子どもに否定的な言葉を使ってはいけない」「遊びを通して楽しく学ばせよう」「無理に学校へ行かなくてもいい」といったアドバイスの源流だと言ってもいいでしょう。

それと対照的に、前者の考え方、言わば「まず教えよう」「改めさせよう」という考え方はいまや肩身の狭い思いをしているようです。優秀で、熱心な、子ども思いの指導者の接し方・教え方がややもすると批判されるといった事態も生まれているようです。

結局は、ここに示した二つの大きな流れを対比することによって、読者のみなさんも含めて大人がどちらの見方を支持し、評価するかだと思います。その選択・決断とそれに基づく取り組みが、やがて子どもの成長・成熟のみならず社会全体にとっても大きな差となって現れるに違いない、そのように考えます。

自分本位に気づかせる

最近、子育ての問題を取り上げるテレビ番組や新聞記事はたくさんありますが、前述のように、ほとんどのメッセージが「子どもの気持ちを理解してあげることが大切」というものです。たとえば、イライラしてかんしゃくを起こす子どもに対しては「『イライラしていいんだよ』と声をかける」「『そうだよね』と相槌を打つ」などの具体的な言葉かけが紹介されます。あるいは、「『どうしたの？』と理由を聞く」接し方が勧められます。

情緒的すぎる助言から身近なハウツーまでいろいろ言及されますが、要するに、子どもの気持ちをそのまま認めてあげることが親・大人として大切である、そんな考え方に則った対処法であることは明らかです。

いったい、大人が「子どもの心を傷つけない、優しい接し方」をしたからといって、かんしゃくを起こす子どもが本当に変わるきっかけをつかめるでしょうか。どうみても、検証や実績を経たとも思われない、しかも切実さも感じられない、ただその場かぎりの空疎なアドバイスなのではないかと思われます。

つまるところ、「教える難しさ」「学ぶ難しさ」に向き合うことを避けているのではないでしょうか。もし真正面から向き合うならば、子どもの改善すべき傾向をつかみ、そのうえで適切な対処をすぐに行うはずです。

そして、子どもの傾向とは、とかく自分本位になりやすく、わがままになりやすいということです。自分本位になるということは、相手の気持ちや行為や意見などにはまったく目が向かず、また相手に語りかける、聞く、話し合うという姿勢もなく、自分の願望や要求の主張だけに終始するということです。実は、子ども自身も現状でいいとはけっして思っていません。応じられないことで、心の中がもやもやし、「なんとかして変わりたい」「どうにかしたい」と思っているのです。

したがって、子ども自身もうすうす感じているそうした未熟な傾向を早いうちから子ども自身に気づかせ、少しずつ改められるような力をつけさせてあげる、それこそが成長を促すことの本質ではないでしょうか。親や大人の役割が鍵となることは言うまでもありません。

学校という学びの場を取り戻す

ところで、「教育機会確保法」という法律が国会で成立しました。深刻化する不登校が背景にあります。この法律では「多様な学び」が売り物のようですが、今後、「学校に行きたくない」「学校に行く必要はない」と言い出す子どもや大人がより増加するのではないかと心配しています。

学校は、精神と身体の成長にとって欠かすことのできない豊かな交流の場です。当然、ルールや約束事を守るといった責任も負わなければなりません。その大切な場を、学校を含めた選択肢の中から親子が自由に選び、場合によっては拒否することも可能という考え方が強くなれば、世の中はどうなるのか、義務教育はどうなるのか、常識と見識を持ち合わせた人ならすぐにわかると思います。

一言で言えば、学校は子どもにとって必要かつ大切な社会なのです。学校には子どもにとって相性のいい友だちや教師もいれば、そうでない友だちや教師もいます。自分の興味関心のある物事もあれば、そうでない物事もあります。子どもはその中からいろいろなことを知り、覚え、学び、これから始まる長い人生経験の備えをしているのです。

たとえば、社会のルールやマナーを覚え、身につける。周りのさまざまな人や物事と折り合いをつける。気に障ることを言われても我慢する。自分本位の気持ちや行動をコントロールする……そうした練習を学習や学校生活の中で重ねているのです。社会人になれば、もっと厳しい現実が待ち構えているわけですから、子どもの時の準備、その積み重ねはきわめて貴重なプロセスになります。これはすべての子どもに言えることですが、特に人との関わりが難しいとされる発達上の遅れや課題をもつ子どもたちにとっては、なおいっそう重要なことだと言えるでしょう。

ある時、私たちの教室の保護者からのレポートに「季刊誌の文章に心から納得しました」と記されていたことがありました。後日、その小学校教師でもある母親に直接話を聞いてみると、これまで受け継がれてきた学校教育の意義を述べた巻頭言の文章についてでした。

「学校生活を通して子どもが知識の習得・社会的なルールとコミュニケーション・対人関係を学ぶこと。それが必ず地域社会の健全さや安定につながり、個人の幸せや利益に結びつく、そういう教育の意義が共有されていたのだろうと想像します」

私たちの季刊誌で取り上げた話題は、明治時代、長野県松本市にあった旧開智学校（明治六年開校）の教育についてでした。毎日のように、不登校や校内暴力、いじめ、少年非行などのニュースに触れるたびに感じることを学校教育の意義として巻頭言にまとめたものでしたが、若い保護者が感銘を受けるようなこうした認識がいま、社会全体から見失われたように感じます。

つまり、教育の本質、そしてそれを受け継ぐという伝統が普段の生活から忘れ去られつつあるのではないでしょうか。だからこそ、ある人にとって当たり前の認識が、ある人にとっては新鮮に見える、そういうことなのではないかと感じました。

もちろん、新しい情報や風変わりな情報だけに目を向けず、冷静に歴史をたどれば、学校や教育の本質に出会えるはずです。また、学習とはなんなのか、教育はなんのためなのかといったテーマを追求した本を読みさえすれば、そこに次のような指摘を見つけるのにだれも苦労しないはずです。

○学校以外にも学ぶ機会はあるものの、確実に学べるのは学校である。なぜなら、学ぶために組織されているから。また、他者との協調的な性格を育てるには独学ではなく、やはり学校である

○学習とは、勉強を通して徳性や感性を含めた総合的な人間性を育み、その人間の内部に根

づかせることである

○教育とは、子どもが自分自身で考え、判断し、自分で取り組む力を伸ばすことであり、その妨げとなっている言動や性格（たとえば、愚かさやわがままや臆病や無知など）から抜け出すようにさせることである

まさに、教育の本質です。古今東西、表現や強調の仕方は多少異なっているとしても、大切なポイントはほぼ同じと言っていいでしょう。

明治時代の先進性――最も優秀な教員を配置した特別学級

それにしても、学校教育の原点を見直すにあたって、長野県の松本市に存在した旧開智学校はおおいに参考になります。有名な観光名所ですから、訪れた方も多いのではないでしょうか。実は、この旧開智学校で進められていた教育の質、それは現代から見てもとても先進的です。

まずはもともとの成り立ちですが、学校の建設費や運営経費に当てられたものは住民から募った寄付金（国の交付金ではありません）や地域の積立金だったそうです。寺子屋に替わる新しい時代の小学校を建設しようという人々の期待と希望を強く感じます。おそらく、通学によっ

て働き手の子どもを失いかねないと難色を示す家庭もあったと思われますが、それよりも地域全体が教育の意義を信頼し、献身的に行動したのではないでしょうか。

教員も同様で、かつての藩校で学んだ人々が新しい時代に対応した教育を行おうと努力しました。武士の子どもだけでなく、地域のすべての子どもに教育を、と頑張ったのです。そして、全国に優秀な教師を探し、その助言を受けたり、採用もしました。

当然、教育に対する為政者の期待・希望も大きかったと思われます。言い換えれば、強い危機感をもっていたと指摘できます。

「子どもに学ばせなければならない」「学校は行くべきところである」といった素朴な常識にみんながそれぞれの立場で信頼を寄せ、読み書きから始まる学校生活を支えるためにそれぞれが自らの責任を果たしたのではないでしょうか。

その旧開智学校で行われた教育で特に注目すべき点の一つ、それは学習に遅れのある子ども（いわゆる発達上の遅れを抱える子ども）や栄養失調の子どもなどに対し、特別教育を明治二三（一八九〇）年から実施した事実です。特別教育といっても、今日の特別支援教育とは大きく異なります。なにしろ、担当の教員にはその学年で最も優秀な人物を配置したというのですから。

学年で最も優秀な人物を配置する、この事実の重大さについては発達上の遅れ・課題をもつ子どもの保護者ならばすぐわかると思います。旧開智学校の驚くべき先進性と言わざるをえませんが、この事実から少なくとも二つのメッセージを私たちは読み取ることができるのではないかと思います。

一つは、発達上の遅れにかかわらず、基本的にどの子どもにも同じような態度・方法で接し教えたように思われることです。私たちの教室で心がけている「発達上の遅れを抱える子どももそうでない子どもも、身につけさせたい力は同じである。そして、接し方・教え方、指導の仕方も原則は同じである」の視点と共通するものを感じます。

そうはいっても、言葉の遅れがあったり、理解する力・覚える力が不足していたりする子ども、あるいは自分の気持ちや行動をうまくコントロールできない子どもの場合、そうでない子どもに比べて、より丁寧によりわかりやすく教えていかなければなりません。したがって、誠実かつ効果的な指導を実現しようとするならば、どうしても優秀な教員を配置せざるをえないという結論に達したのだと思われます。

残念ながら、なり手が思うように育たなかったのか、この先進的な取り組みは数年で立ち消えになりましたが、明治四一(一九〇八)年に形を変えて改めて取り組んだそうです。学校教育の原点を見つめ直し、言わば再生を考える際に貴重なエピソードだと言えます。

同じ長野県の教育ですが、もう一つ先進的なエピソードに光を当てたいと思います。大正時代にアララギ派の歌人として活躍した島木赤彦(一八七六〜一九二六)が校長として赴任した小学校で、彼は興味深い指導方針をつくっています。

「学校訓　奨善会」と呼ばれる、古風な趣の指導方針には次のような教訓が並べられていました。「我等の眼は常に輝き　我等の耳は常に聴く　我等の口は用なき時　常に閉づべし」（私たちの目はいつも輝き、私たちの耳はいつも聴いている。私たちの口は話す必要がない時は閉じる）、「難きを見てハ之を貫かんを思ひ」（困難に会うとそれを打ち破ろうと考える）、「言はその巧ならんより寧ろ確かなれ」（言葉は技巧よりも確実さをめざせ）などです。有名なクラーク博士の「少年よ、大志を抱け」と同等の、いやそれ以上の価値を感じます。

教育の意味、そして学校教育の意義はこんな言葉の中に埋もれているのではないでしょうか。うれしいことに、この「学校訓　奨善会」は現在も地元の小学校の伝統として引き継がれているとのことです。

以上のように、教育の意義・目標・責任が人々の間でしっかり共有されていた場所・時代では、画期的な仕組みが次々に生まれ、レベルの高い指導によって大きな成果が出ました。その事実を旧開智学校や奨善会の歴史は教えてくれます。私たち現代人が学ばなければならない教育の歴史だと思います。

つまり、社会全体が学校を応援するとともに、教育関係者は自らの責任と役割を自覚し指導力を高める努力・工夫をする、家庭では親が責任を果たす、そうした三者の営みが大切だということです。

我慢し、折り合いをつけ、乗り越えていく力

学校と教育の歴史に触れたあと、現代を生きる私たちはどのような力を子どもに身につけさせればいいのでしょうか。

世の中には、自分の思い通りに事が運ばない、きちんと評価されていないと感じる、自分の意見や存在自体が無視されたり否定されたりする、周りから注意されたりからかわれたりする……そうしたケースはたくさんありますが、そこで私たちはイライラして、ヒステリックに怒り出すでしょうか。そうなる大人は少ないでしょう。

ほとんどの大人がそうならないのは、社会・地域・家庭における自分の力量・役割について過度にうぬぼれることなく現実を認識し、なにかに取り組む際には周りの声に耳を傾けながら、可能なかぎり論理的・客観的・協調的に考えようとする謙虚な態度を身につけているからではないかと思います。

言い換えれば、たとえ状況が悪化したとしても、すぐに不平を漏らしたり反抗したりするのではなく、その悪い状況に耐え、我慢し、状況と折り合いをつけていく、そして次のチャンス

を待つ、苦境を乗り越える、それが人生なのだと理解しているからではないでしょうか。

要するに、自分の気持ちや行動をコントロールする、バランスのとれた力が人格の中にまがりなりにも形成されているからだと言えます。どんな長所でも度を超したら短所に変わり、短所でもほどほどだと長所に変えることができる、そんなバランス感覚です。

成熟という観点を重視するならば、子どもが我慢し、折り合いをつけ、乗り越えていく力を幼い頃からしっかり育てることが大切です。

そして、望ましい成長のためにはまず、家庭という場で親と折り合いをつける練習が重要になります。身近なことで言えば、理不尽な大人の都合を押しつけるのは論外ですが、大人の都合に合わせられる、そうした力を子どもに身につけさせることは大事な練習です。たとえば、大人同士が話している間、子どもは静かに待っていることを日頃から教える。もし、子どもが騒ぎそうになったら、「もう少し待っててね」と声をかける。その結果、子どもが自分の気持ちと態度を整えられる。それができればきちんと評価される……。そうした一つひとつの練習によってふざけたり騒いだりする事態が減っていくのではないでしょうか。

ルールを守る姿勢から生まれるもの

第3章において、学習は姿勢・基盤づくりのいい道具・手段である、と強調しました。その際に力を発揮するのが「的確に注意する」と「見届けて認める」だと思います。

ところで、教室への送り迎えをしていただいている保護者とお話しすると、「自分が子どもの頃はよく叱られました」と言う方がほとんどです。もちろん、その家庭によって内容は異なるでしょうが、「うそをつかない」「人に迷惑をかけない」「好き嫌いをしない」「自分の物は自分で片づける」など、細かいことですが、生活の中でその都度、親は子どもに注意し、応じなければ叱りました。

いまは大人が子どもを注意する機会が減っているのではないでしょうか。それは同時に、子どもの言動をしっかり観察すること、そしてそのあとはきちんと言われた通りできているかを見届けること、それができていないからだと思われます。中途半端な叱り方、意味のないほめ方になっているようです。そのため、子どものほうもなぜ注意されるのか、どこをほめられているのか、よくわかっていないように思います。

子どもに対し「世の中にはルール、約束事というものが存在し、それを守ることが大切」という意識を植えつけるために上手に叱り、上手にほめて、上手に教えていきましょう。大人が子どもにルールや約束事の基準を示し、子どもはそれを守ることによって達成感や喜び、やるべきことをやったという素直な気持ちと自信をもてるように育てる、これこそが学習・練習の核心なのではないでしょうか。

ある保護者がその効果について、次のように述べていました。

「息子が教室に通い、学習を続けるようになってから、家でもずいぶん変わりました。左手を置いて書くようになりましたし、手をきちんと洗うようになりました。脱いだ靴をそろえる、あいさつをする、それもできるようになりました。（中略）本人の中ではそうした変化が当たり前になっているみたいです。ノートを使って正確にひらがなを書く練習をすると、成果があがるのに似ているなと感じています」

手本を見ながら文字を正しく書く、つまり形や大きさなどのルールに基づいて文字を書く、守らなければ注意される、きちんと守れたことをほめられる……そうした学習・練習によって自分の気持ちをコントロールできるようになり、その結果、生活のさまざまな面で我慢し、折り合いをつけ、乗り越えていく力を伸ばしている事実がここに示されているように思います。

「いい子」に育てましょう

この本の結論ですが、結局は「いい子に育てましょう」に尽きると思います。私たちの教室の教育方針である一二項の最後の項目は「有意義な時間を過ごし、そして自ら学び、考え、判断し、自分自身で世界を広げていけるように」です。学習・練習を繰り返し行うことによって「いい子」をめざすという指導の最終地点と言えます。これは親などの大人からみた「いい子」であるだけでなく、これから先の長い人生を自分の力で歩んでいく本人にとってもめざすべき目標と言えるでしょう。

ただ、最近、「いい子」という言葉のイメージはよくないようです。「家ではいい子だった」「手のかからない子だった」という「いい子」と思われる子どもが家庭や学校で問題行動を起こす、という言い方がされるように、あたかも「いい子」自体に問題があるかのような、また、「いい子」に育てようとすることがなにか間違ったことのようにとらえられることがあります。「いい子」になにか問題があるかのように意味をゆがめ、議論を進めること自体、きわめて不誠実で不見識だと言わなければなりません。

たしかに、「いい子」と言うと、その定義はあいまいなのに強制的な力を感じるのか、多くの人が否定したがります。しかし、「いい子」とは、単に問題を起こさない子どもや従順な子ども、あるいは成績のいい子どもという意味ではありません。むしろ、やるべきことに自らとりかかり、困難があっても最後までやりとげようとする意思を少しでももつ子どもを意味するはずです。たとえば、あいさつや感謝の言葉を素直に口にできる子どもや物事に健気に取り組む子ども、人に言われる前にやるべきことにさっととりかかる子ども、友だちを気遣う子ども、それらをわざとらしくではなく、ごく自然にふるまう子どもに接したら、だれでも「感心だ」「親の教育が行き届いている」「いい子だ」と思うはずです。それがここで言う「いい子」という意味です。

親がわが子を「いい子」と自慢すると、それは親バカと笑われるでしょうが、周りから評価される「いい子」はみんながめざすべき目標ではないでしょうか。

なぜ、「いい子」に育てるべきなのか？　いま、前向きな姿勢をもつ「いい子」が一〇〇人いたとします。なんらかの理由で悪い大人になってしまう子どももいるかもしれませんが、ほとんどはいい大人になるでしょう。それに対し、言動や態度を改めなければならない子どもや課題をもったままの子どもの中から、どれだけが前向きな姿勢をもつ大人へと成長するでしょうか？　確率的にどちらの可能性が高いのか低いのか、わかりきったことではないかと思います。

つまり、「いい子に育てたい」「いい大人になってほしい」と率直に、そして堂々と言える状態こそ、私たちがめざすべきものだと思います。

言うまでもなく、「いい大人」とは「いい市民」のことです。「いい市民」ですから、社会の約束事を守り、また自らの責任において周りと協力しながらさまざまな活動に挑戦しようとするに違いありません。「社会の約束事」「自らの責任」には市民としての義務も含まれます。

たとえば、第5章の158頁で紹介したC君の母親を含め多くの親が、わが子が就職し、初めて給料をもらった時のことをこう話してくれます。

「給与明細を見たら所得税が引かれていたのです。税金を払うということをこんなにうれしく思ったことはありませんでした」

発達上の遅れ・課題ゆえにすべての子どもがこうした義務を担い果たせるわけではないでしょうが、そこをめざし少しでも近づくように教え育てる努力が大人に必要ではないでしょうか。初めからそんなことは無理だと決めつけることは、彼らに失礼ではないかと思います。

繰り返しますが、「いい子に育てたい」「いい大人になってほしい」と率直に、そして堂々と言える世の中をみんなでめざしましょう。それが、発達上の遅れ・課題をもつ子どもにとっても、その親と教師にとっても、ハンディに立ち向かう共通の目標になるだろうと思います。

育てる大人をめざして

終わりに一つのエピソードを紹介します。ちょうどこの本を執筆中だった今年二月の後半のことです。小学一年生から高校三年生の現在まで私たちの教室に通っている生徒の母親の手塚さんが忙しい仕事の合間を縫って訪ねてきました。用件はわが子の高校卒業後の進路について相談するためでした。

「広汎性発達障害・軽度知的障害」と診断された彼は、小学校から高校までの一二年間、普通学級で学びました。その理由は、両親が普通学級のかけがえのない価値を理解していたからです。「たとえ他の子どもと同じように授業がすべて理解できなくても、普通学級には価値がある。当たり前のことを当たり前のこととして知るいい環境だから」というのが両親の考えでした。そしていま、「やはり、普通学級に通わせただけのことはあった」と振り返ります。

きちんとしたあいさつをするなど、何事にもへこたれず熱心に取り組むまじめな姿は立派です。幼児期には意味のある言葉が出ずに、おうむ返しや独り言だけで、意思を伝えられませんでした。物事を覚えるのも苦手でした。そんな子どもだったとはとても思えません。高校に入ると、片道二時間かけ一人で新幹線に乗って教室に通うようにもなりました。

両親がもともと私たちの教室を知ることになったきっかけは、前著の『自閉症児の学ぶ力をひきだす』を読んだことでした。今回の相談の話の中でも、自然に本と出会った時の話になりました。

「学習を始めてからもう一二年目に入りました。あの頃、私たちのように関東以遠の遠方から通っているお子さんはいなかったと思いますが、いまは北海道から九州までいっぱいいらっしゃいますね」

私も初めて教室においでになった時を思い出しました。遠方なので、通うのは難しいと思い、本をもとに家庭学習のポイントをアドバイスしました。すると、「毎週通いますので、よろしくお願いします」と。その決意と期待に感激したのでした。

実は、手塚さんは精神科医です。うつや統合失調症などの病気を抱えた大人を診療していますす。それだけに、子どもの頃からの適切な接し方・教え方の重要性を痛感されているようです。子育てについてのとても示唆に富むお話も聞けました。

「専門家はよく『無理をしてはいけない』と言うけれども、無理をさせるから本人は頑張るし、努力するし、伸びていくんです。背伸びしてでも努力する。それこそが一番大事ではないのでしょうか。一般の子どもには全員そういう見方をするのに、息子のような発達に遅れがある子どもは特別扱いを受けてしまう、そこに大きな問題があると思いますよ」

また、現在は発達上の遅れ・課題をもつ子どもが特別支援学級や特別支援学校に在籍するケースが増え、周りの医師も教師も、彼らと子どもの頃から触れ合う機会がなくなったのではないか、その結果、彼らの存在が視界から消えてしまっているような気がする、という感想も述べられました。そして、にっこり笑いながらこう言いました。

「私は、どんな人でも育てていかなくては……そう思って仕事をしているんですよ」

いい言葉です。育てる医師、育てる教師、育てる大人が一人でも増えることを願ってやみません。

あとがき

年が改まって間もない頃です。私が教室の入口で保護者の方々に新年のあいさつをしている時、ニコニコと表情を崩しながら一人の母親が近づいてこられ、うれしそうな声で、「昨年の秋から職場復帰できました。一三年ぶりなんですよ」と話されたのでした。

その母親の仕事は薬剤師です。ある大学病院に勤務していた時に妊娠し、そこでいったん退職し、できたら早めに復職しようと考えていました。すると、息子さんは切迫早産で緊急手術を行い、そのため新生児の時から通院が続きました。そして、心身の発達に遅れもあり、年長まで療育施設に通っていました。そんな事情もあり、仕事と職場から遠ざかっていたのです。

「外に出て働くなんて、すっかり忘れていました。いまはまだ週に二日なんですが、早くフルタイムで働きたいと思っています」

仕事に復帰して、やりがいを感じている偽らざる気持ちだったのでしょう。息子さんはこの四月、中学校の普通学級に進学します。「まだまだ心配はありますが、しっかり教えていきます」と母親のほうも気持ちに少し余裕が出てきて、復職の道が開け実現したのです。間近で接してきた私たちは、両親の苦労と努力も含め、そうした経緯をよく知っていました。

このような話は私たちの教室では珍しくありません。子どもが育つからこそ、親も先へ進むことができる、そんないい手本だと思っています。

いい手本と言えば、指導にあたるスタッフもまたそうです。行動力のあるスタッフが新鮮な発想を武器に教室の指導を担う大黒柱に育ちつつあります。本当にうれしいことです。

スタッフの中には第4章で紹介した春野君もいます。彼が自分自身を振り返りながら率直な思いを語ってくれた手記を、この本の締めくくりに紹介したいと思います。

自分の気持ちを伝えるのが苦手な多くの子どもたちを代弁している言葉だと思って読んでいただければ幸いです。

*

改めてこれまでの自分の人生を振り返ると、恵まれたものであるというのを実感する。さまざまな人に愛され、いろいろなものを授けられてきた。幼少期に自閉症と診断されていたと打ち明けても信じてもらえないことが多いくらいだ。自他ともにその事実があったことを忘れる日々を過ごしている。

だが、確かに昔そうだったのである。自分の思いを口にすることができず、嫌なことがあると暴れる、落ち着きがなく一時も座っていられないという時期があったのだ。そう考えたうえで、自分の人生をたとえるならば川と言えるかもしれない。年中氾濫しているのを何度も何度も治水することで、ようやく人が住めるようになった川。それが私のこれまでの人生と言えるかもしれない。

はじめに、さまざまな人に愛されたと書いたが、その愛はけっして優しいだけのものではなかったと思う。母や父、またエルベテークの先生方に厳しくしつけられてきた。これを愛と言うかどうかは人それぞれだが、私は愛だと言いたい。もちろん子どもの時からそれを感じていたわけではなく、いま振り返ってから感じることである。子どもの頃はそれが嫌で嫌で仕方なかった。なぜここまで自分は厳しく叱られなければならないのかと何度も怒った記憶がある。叱られることはつらいことだと常々感じていた。

しかし、いまエルベテークの先生として働くとわかるが、生徒を叱るのだってつらいのである。生徒が不満そうな顔をしていると、なんだか可哀想な気持ちになる。それでも叱り、導く。それのなんと難しいことか。先生として働くことでようやくわかったことである。これは愛をもたなければやることのできないことだと思う。

近年、こういった愛の形は古風で、家長的で、強制的だからよくないと言われることが多い。だが、強制的だからということだけで、すべて否定するのも間違っていると思う。人を育てるのに、ただ可愛がるだけでは足りない。それは放任である。氾濫する川をそのままにするということである。それでは人は寄りつかない。他者と共存するためにも、子どもはある程度叱られ、矯正されなければならない。その時に必要になるのは可愛がることではなく、子を思い、思うからこそ正そうとする、そういった愛ではないだろうか。

ハンディのある子をもつ方々はいまこの瞬間にも、大きな不安を抱えながら日々生活していらっしゃるだろうが、くじけずにしっかりと子どもと向き合ってほしい。その想いは子どもに絶対伝わるはずである。自閉症の子どもだった私だからこそ、強くそう感じる。

●著者略歴――――

河野俊一（こうの・しゅんいち）

1951年鹿児島県生まれ。九州大学工学部卒業。エルベテーク代表／医療法人エルベ理事。出版・教育関連会社を経て96年にエルベテーク（http://www.elevetheque.co.jp）設立。現在、川口・青山・ロサンゼルスの各教室を運営。
著書に『自閉症児の学ぶ力をひきだす』（日本評論社）、『誤解だらけの「発達障害」』（新潮新書）、『子どもの困った！行動がみるみる直るゴールデンルール』（新潮社）、『発達の遅れが気になる子どもの教え方』（主婦の友社）。

発達障害《はったつしょうがい》の「教《おし》える難《むずか》しさ」を乗《の》り越《こ》える
――幼児期《ようじき》から成人期《せいじんき》の自立《じりつ》へ

2017年５月15日　第１版第１刷発行

著　者――河野俊一
発行者――串崎　浩
発行所――株式会社日本評論社
〒170-8474 東京都豊島区南大塚3-12-4
電話 03-3987-8621（販売）-8598（編集）振替 00100-3-16
印刷所――港北出版印刷株式会社
製本所――井上製本所
装　幀――図工ファイブ
検印省略

ISBN978-4-535-56359-9　Printed in Japan